中国工程院院士

是国家设立的工程科学技术方面的最高学术称号，为终身荣誉。

中国工程院院士传记

冯培德传

编写组　编

编写组成员

师元光　孙卫航　贾小平

宋向阳　江　梅　岳亚洲

张京娟

航空工业出版社

人民出版社

内 容 提 要

近50年来，冯培德院士为了他所钟爱的惯导事业，执着钻研，奋斗不息，把青春和激情都献给了祖国，献给了航空科研和航空教育事业，取得了骄人的成就。本书详细描述了冯培德院士奋斗不息的辉煌人生。

图书在版编目（CIP）数据

冯培德传/《中国工程院院士传记系列丛书》编写组编. --北京：航空工业出版社，2014.1
(2019.1 重印)
(中国工程院院士传记系列丛书)
ISBN 978-7-5165-0345-4

Ⅰ.①冯… Ⅱ.①中… Ⅲ.①冯培德-传记
Ⅳ.①K826.16

中国版本图书馆CIP数据核字(2013)第292792号

中国工程院院士传记　冯培德传
Zhongguo Gongchengyuan Yuanshi Zhuanji　Feng Peide Zhuan

航空工业出版社出版发行
（北京市朝阳区北苑2号院　100012）
发行部电话：010-84936597　010-84936343
三河市金轩印务有限公司印刷　　全国各地新华书店经售
2014年1月第1版　　2019年1月第3次印刷
开本：710×1000　1/16　印张：17　插页：20　字数：256千字
印数：4501—5000　　定价：68.00元

中国工程院院士冯培德

冯培德院士画像

人生轨迹

学龄之前

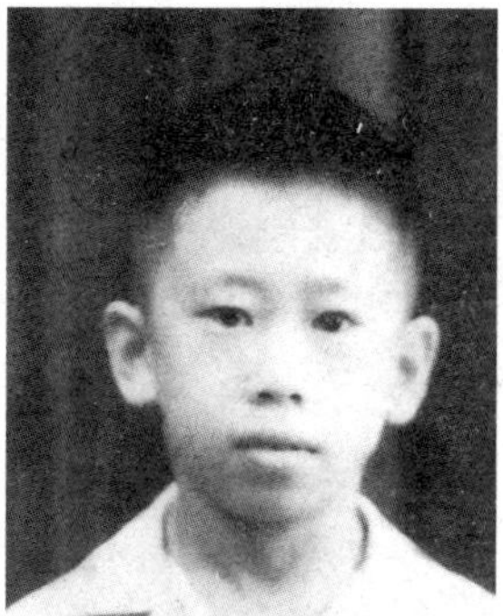
小学毕业

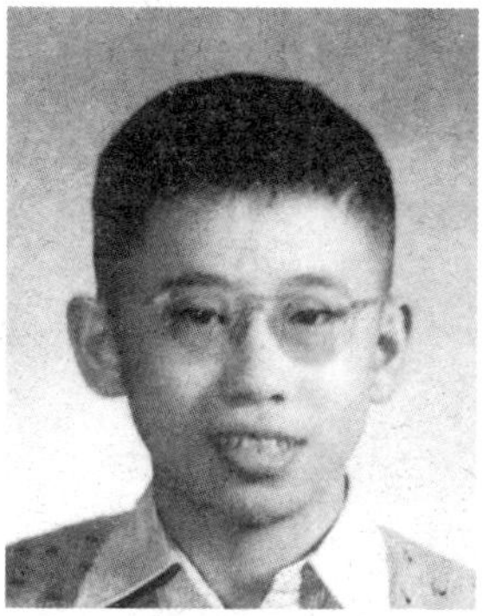
初中毕业

高中毕业

北大毕业

初到618所

访问学者

担任所长

当选院士

1999年8月，时任中共中央政治局常委、国务院总理朱镕基视察618所时，冯培德所长向朱总理介绍激光陀螺

1993年，时任全国人大副委员长李锡铭（前排右二）视察618所

2002年，母校南京航空航天大学建校50周年之际，冯培德院士（左一）与全国政协副主席钱伟长（右三）、西北工业大学校长姜澄宇（右一）一起植树

2010年春节，全国政协主席贾庆林（前排左八）与在京的政协委员中的两院院士合影

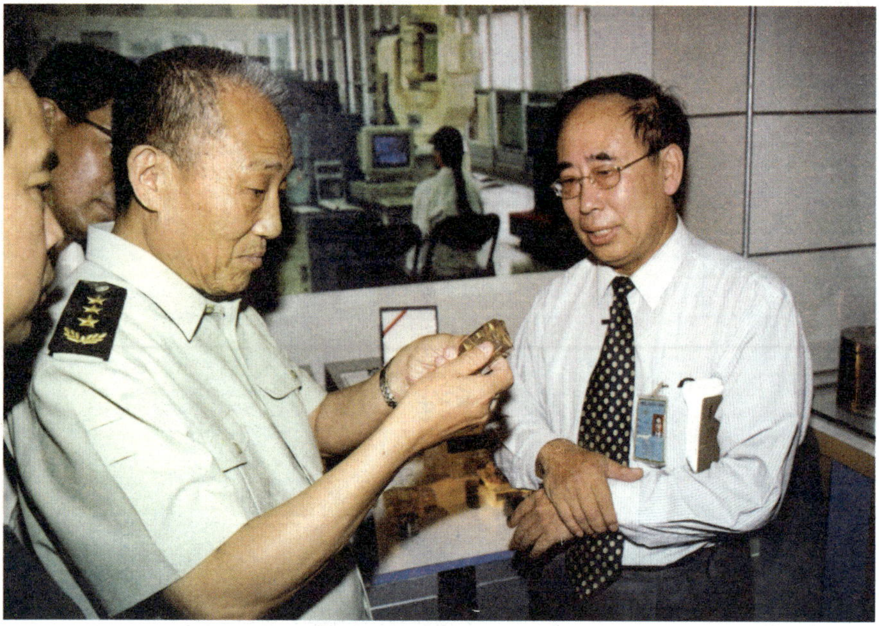

2000年6月，时任总装备部部长曹刚川（左一）视察618所，
冯培德所长向曹部长介绍惯导产品

时任国防科工委副主任谢光（前排左三）、机载设备局
局长杨燕生（前排左二）到618所检查工作

时任国防科工委主任刘积斌（右二）到618所检查工作

1986年，空军副司令员林虎（右一）、副参谋长葛文墉（右二）到618所检查工作

时任海军副司令员石云生（右一）到618所检查工作

冯培德所长陪同时任航空工业部部长莫文祥（前排左二）到618所西安新址建设工地检查工作

1989年，时任航空航天工业部部长林宗棠（右一）到618所检查工作

1994年，时任航空工业总公司总经理朱育理（右一）到618所检查工作

2001年，冯培德所长向时任外交部国际司副司长、中国常驻日内瓦裁军谈判会议大使沙祖康（左二）介绍618所产品

冯培德所长向时任航空航天工业部副部长王昂（右一）汇报工作

1998年，时任中国航空工业总公司副总经理张彦仲（右一）来618所为惯性技术航空科技重点实验室揭牌

时任中共陕西省省委常务书记李溪溥（左二）到618所就搬迁问题进行调研

1985年，冯培德所长和所领导班子在西安电子工业园区现场研究新所址建设问题

1987年，冯培德（前排右二）参加中国惯性技术学会成立大会，全体会议代表合影

时任中国航空工业总公司总经理朱育理（前排左五）、国防科工委军兵种部副部长陈丹淮（前排左六）、空军副参谋长葛文墉（前排左四）参加618所573研制合同签字仪式

冯培德所长（左一）在618所研究室和技术人员一起攻关

1999年10月1日，冯培德所长（左一）参加首都庆祝建国50周年国庆观礼活动

1978年，冯培德（前排右五）随张守恒所长（前排右六）出访法国

俄罗斯РПКЪ总裁张志高瓦来618所进行技术交流后，向冯培德所长赠送纪念品

冯培德在美国做访问学者期间，与导师洪箴（左三）一起参加国际学术会议

2001年12月，时任陕西省副省长陈宗兴（左一）看望并祝贺新当选的中国工程院院士冯培德

冯培德院士参加全国政协第十一届二次会议新闻发布会

2010年7月，北京航空航天大学校长怀进鹏（右一）与冯培德院士亲切交谈

2013年春节前时任国资委主任王勇在中航工业董事长林左鸣同志陪同下来到冯培德院士家，看望老科技专家冯培德院士

2013年春节前冯培德院士给姨夫袁宝华主任拜年

冯培德与父母、妹妹等合影

2013年冯培德院士一家瑞士行在驻地合影（包括妹妹）

2010年3月，冯培德院士在“院士行”座谈会上发言

中国工程院院士传记系列丛书

总 序

20世纪是中华民族千载难逢的伟大时代。千百万先烈前贤用鲜血和生命争得了百年巨变、民族复兴，推翻了帝制，肇始了共和，击败了外侮，建立了新中国，独立于世界，赢得了尊严，不再受辱。改革开放，经济腾飞，科教兴国，生产力大发展，告别了饥寒，实现了小康。工业化雷鸣电掣，现代化指日可待。巨潮洪流，不容阻抑。

忆百年前之清末，从慈禧太后到满朝文武开始感到科学技术的重要，办“洋务”，派留学，改教育。但时机瞬逝，清廷被辛亥革命推翻。五四运动，民情激昂，吁求“德、赛”升堂，民主治国，科教兴邦。接踵而来的，是18年内战、8年抗日和3年解放战争。恃科学救国的青年学子，负笈留学或寒窗苦读，多数未遇机会，辜负了碧血丹心。

1928年6月9日，蔡元培主持建立了中国近代第一个国立科研机构——中央研究院，设理化实业研究所、地质研究所、社会科学研究所和观象台4个研究机构，标志着国家建制科研机构的诞生。20年后，1948年3月26日遴选出81位院士（理工53位，人文28位），几乎都是20世纪初留学海外、卓有成就的科学家。

中国科技事业的大发展是在新中国成立以后。1949年11月1日成立了中国科学院，郭沫若任院长。1950—1960年有2500多名留学海外的科学家、工程师回到祖国，成为大规模发展中国科技事业的第一批领导骨干。国家按计划向苏联、东欧各国派遣1.8万名各类科技人员留学，全都按期回国，成为建立科研和现代工业的骨干力量。高等学校从新中国成立初期的200所增加到600多所，年招生增至28万人。到21世纪初,大学有2263所,年招生600多万人,科技人力总资源量超过5000万人，具有大学本科以上学历的科技人才达1600万人，已接近最发达国家水平。

新中国成立60多年来，从一穷二白成长为科技大国。年产钢铁从1949年的15万吨增加到2011年的粗钢6.8亿吨、钢材8.8亿吨，几乎是8个最发达国家（G8）总年产量的2倍，20世纪50年代钢铁超英赶美的梦想终于成真。水泥年产20亿吨，超过全世界其他国家总产量。中国已是粮、棉、肉、蛋、水产、化肥等世界第一生产大国，保障了13亿人口的食品和穿衣安全。制造业、土木、水利、电力、交通、运输、电子通信、超级计算机等领域正迅速逼近世界前沿。“两弹一星”、高峡平湖、南水北调、高公高铁、航空航天等伟大工程的成功实施，无可争议地表明了中国科技事业的进步。

党的十一届三中全会以后，改革开放，全国工作转向以经济建设为中心。加速实现工业化是当务之急。大规模社会性基础设施建设、大科学工程、国防工程等是工业化社会的命脉，是数十年、上百年才能完成的任务。中国科学院张光斗、王大珩、师昌绪、张维、侯祥麟、罗沛霖等学部委员（院士）认为，为了顺利完成中华民族这项历史性任务，必须提高工程科学的地位，加速培养更多的工程科技人才。中国科学院原设的技术科学部已不能满足工程科学发展的时代需要。他们于1992年致书党中央、国务院，建议建立“中国工程科学技术院”，选举那些在工程科学中做出重大创造性成就和贡献、热爱祖国、学风正派的科学家和工程师为院士，授予终身荣誉，赋予科研和建设任务，指导学科发展，培养人才，对国家重大工程科学问题提出咨询建议。中央接受了他们的建议，于1993年决定建立中国工程院，聘请30名中国科学院院士和遴选66名院士共96名为中国工程院首批院士。1994年6月3日，召开了中国工程院成立大会，选举朱光亚院士为首任院长。中国工程院成立后，全体院士紧密团结全国工程科技界共同奋斗，在各条战线上都发挥了重要作用，做出了新的贡献。

中国的现代科技事业比欧美落后了200年，虽然在20世纪有了巨大进步，但与发达国家相比，还有较大差距。祖国的工业化、现代化建设，任重道远，还需要数代人的持续奋斗才能完成。况且，世界在进步，科学无止境，社会无终态。欲把中国建设成科技强国，屹立于世界，必须持续培养造就数代以千万计的优秀科学家和工程师，服膺接力，担当使命，开拓创新，更立新功。

中国工程院决定组织出版《中国工程院院士传记系列丛书》，以记录他们对祖国和社会的丰功伟绩，传承他们治学为人的高尚品德、开拓创新的科学精神。他们是科技战线的功臣、民族振兴的脊梁。我们相信，这套传记的出版，能为史书增添新章，成为史乘中宝贵的科学财富，俾后人传承前贤筚路蓝缕的创业勇气、魄力和为国家、人民舍身奋斗的奉献精神。这就是中国前进的路。

宋健

冯培德院士简介

冯培德（1941.4— ），广东恩平人，飞行器导航、制导、控制专家，中国工程院院士。

1957 年，冯培德考入北京大学数学力学系。大学三年级时参加了该校和北京航空学院等院校联合承担的国家重要科研项目，从那时起就开始涉足惯导领域。1963 年，冯培德大学毕业后考取了南京航空学院的研究生。1967 年，冯培德被分配到地处陕西户县李家庄的三机部 618 所。当时正处在我国航空惯导的起步阶段，冯培德被分派到陀螺导航研究室总体组，参加了我国第一代航空惯导——523 惯导的研制工作，担任了惯导初始对准课题的主管技术员。

初始对准是惯导最重要的关键技术之一。20 世纪 70 年代初，在冯培德的带领下，初始对准课题组进行了大量仿真和试验，利用数字滤波技术，有效地克服了各种噪声、滞环和死区的影响，还解决了对陀螺、加速度计的某些关键误差系数的在线标定问题。这些创新性的研究工作使 618 所在国内处于领先位置，与当时美国、法国等国的方案大体一致。

523 惯导于 1977 年 10 月 29 日完成了车载试验，于 1977 年 12 月 17 日—1978 年 1 月 11 日在北京进行了首轮试飞。共飞行 8 架次，22.5 小时。试飞结果表明，该系统方案可行，精度基本达到预期指标。1978 年 11 月—1979 年 1 月，523 惯导又进行了第二轮试飞，共飞行 28 架次，对系统功能、精度、可靠性及适应性进行了全面考核。1979 年 8 月，三机部三局组织了“523 惯性导航技术研究”成果鉴定，鉴定结论是：系统精度为2海里/时（CEP），主要指标达到国内惯导研制的先进水平。在523惯导研究中，冯培德做出了突出贡献，为此他作为618所的代表参加了陕西省科学大会。

在1978年“文化大革命”以后的第一次技术职称评定中，冯培德被评定为工程师。1981年8月—1983年8月，冯培德作为访问学者到美国田纳西大学进修了两年。1983年，冯培德完成了在田纳西大学的学习任务和研究工作后，谢绝了留在美国参加工作的建议，按期回国。1991年9月10日，冯培德被评为航空航天工业部“有突出贡献的回国留学人员”，1995年被评为陕西省有突出贡献的留学回国人员。

1983年8月，冯培德担任了618所惯导系统研究室主任。1983年下半年，他在所领导的支持下，积极推动了采用挠性惯性器件的第二代航空惯导的立项工作。1983年12月8日，航空工业部三局与618所签订了航空惯导预研课题的研制合同，明确规定1985年底研制出3套563S试飞样机，冯培德担任项目负责人。

作为科研带头人，冯培德在这些重大技术攻关中，提出了有价值的建议。如在挠性陀螺设计中，他建议采用最佳气隙和使用斜圆环调节的方法，有效减少了陀螺漂移。针对挠性陀螺的特点，他在平台稳定回路设计中建议研制独特的章动阻尼器和梳齿滤波器。在系统试验中，为隔离陀螺加速度计及量化器误差系数，他提出了采用同位器电桥和相位电压表进行测试的技术。为解决低温性能的问题，他与研制团队一起寻找原因，发现了陷波器电容温度系数大引起工作点偏离，导致平台抖动加大的问题。

1982年9月，618所与603所及172厂签订了歼轰7飞机563A惯导成品技术协议书，把惯导作为歼轰7的备份方案。在冯培德的带领下，赶在歼轰7首飞之前，研制成功563A惯导产品，争取到了装机试飞的机会，使563A惯导由备份转成正式列装设备。

1989 年，总参谋部、国防科工委又下达了空中加油工程惯导的研制任务，分别为加、受油机研制 563B、563C 惯导。1994 年，563B、563C 惯导设计定型，圆满完成了加、受油机空中大会合任务，同时实现了小批量生产的目标。后来又针对轰 6 系列飞机要求，研制了“三合一”通用惯导——563E。

鉴于 563 系列惯导在性能上与国外装机产品仍有一定差距，从 1986 年开始，上级主管部门就组织了多次对外技术合作的考察和论证，也得到了国外许多公司的积极响应，但都没有获得这些国家技术出口的许可。1989 年 12 月 14 日，国家计委、总参谋部、国防科工委下文批准 573 航空通用型惯导立项研制，该项目是当时管理层级最高、经费最多的机载设备研制项目。研制工作于 1990 年 7 月正式启动，冯培德担任了项目总设计师和现场总指挥。历经 10 年的磨砺，经航定委批准，573 惯导于 1999 年设计定型，其水平与当时发达国家已装备的惯导大体相当。

1984 年 10 月，冯培德被任命为 618 所所长。担任所长以后，冯培德除日常行政工作外，还与全所职工一起完成了搬迁和改革两大任务。面对研究所深化改革的课题，冯培德提出了“航空科研上多型号，试制生产上小批量，预先研究上新水平”的方针，开创了科研生产的新局面，连续十几年经济收入年平均增长率达到 25% 左右，职工的生活水平也有了较大提高，618 所步入了快速发展、良性循环的新时期。

20 世纪 90 年代，中俄两国间建立了战略协作伙伴关系。冯培德不失时机地抓住了这一机遇，通过对俄合作，取长补短，在第二代惯导走向成熟和新一代激光陀螺的研制等方面都取得了明显效果，特别是培养了一支在激光陀螺、微机械、电子和微光学领域的设计与制造技术队伍，为后续发展奠定了良好基础。

2002 年以后，冯培德作为中国航空工业第一集团公司科技委副主任，在各种场合努力强调航空机载设备的重要地位，提出了不少有益的建议。他作为国家大型飞机工程专家咨询委员会成员，积极参与大型飞机工程研制中的咨询工作。他还以强烈的社会责任感就“国家建立航空救援体系”、“开放低空空域推动通航发展”以及“未来空中交通管理的对策”等事项组织专题研究，撰写报告，受到有关方面的重视和好评。

从20世纪90年代初开始，冯培德先后培养硕士生、博士生80人。近年来，他在北京航空航天大学又建立了一支以青年教师和研究生为主体的科研团队，在旋转调制捷联惯导、MEMS器件应用和高精度车载定位定向系统研制方面开展了很多创新性的研究工作，最近他又提出了混合式惯导系统的新技术途径，集成了平台式惯导、捷联式惯导和旋转型惯导的优点，为长航时、高精度、低成本惯导系统的研发另辟新径，在创新发展的道路上继续前进，对推动惯性技术发展和培养新一代科技人才和产学研相结合又做出了新的贡献。

冯培德2001年当选中国工程院院士。

（摘自《中国航空工业人物传·专家篇》）

出 版 说 明

中国航空工业的院士群体是航空技术领域的学术权威和资深专家，他们为中国航空工业的振兴和发展建立了卓越功勋，做出了巨大贡献，是中国航空工业的宝贵财富。

为了弘扬院士群体报效祖国、激情进取、创新图强的精神，2009年中国航空工业集团公司企业文化部开始组织编写《中国航空工业院士丛书》，该丛书记录了院士们的成长足迹，不懈追求科学真理、自强不息、孜孜不倦的奋斗精神，淡泊名利、爱党报国的民族精神，以及为中国航空工业的发展做出的杰出贡献。时任中航工业总经理林左鸣为丛书作序，2010年以后陆续出版。丛书出版以后在全国公开发行，读者反响强烈，受到了广泛好评。

2013年中国工程院下发通知，要求首先为资深院士编写出版院士传记，在2014年6月中国工程院成立20周年之际出版。由于航空工业在这方面的工作走在了前头，中国工程院与我们合作，将《中国航空工业院士丛书》加以改编，纳入《中国工程院院士传记系列丛书》出版。传记的编写出版得到了中国航空工业集团公司企业文化部的支持，得到了各位院士和院士所在单位、传记作者的支持和帮助，在此表示崇高的敬意和衷心的感谢！

中航出版传媒有限责任公司

2013年11月

目 录

引　子

中国航空机载设备领域的第一位院士冯培德是一位出生在天津的广东人。尽管冯培德早就知道他父亲出生在广东省恩平县莲塘村（现称恩平市牛江镇莲塘村），但他自己在62岁前都没有回过老家。乡亲们原来只知道这个普通的南方水乡曾出过一位大名鼎鼎的中国航空界的先行者——冯如先生，但一个偶然的机会，乡亲们惊喜地发现冯如之后不到百年，冯氏族谱中又出现了另一位中国现代航空界的知名人士冯培德院士。据现任恩平市人大副主席冯惠平先生介绍，冯培德与冯如先生是同村同族，冯如先生比冯培德高一辈，十几代前同出一支。对冯培德来说这也是一个意外的惊喜，他从步入航空界后就知道冯如先生的大名，但却不知道他们之间还有这一层“特殊关系”。曾经有人称冯培德为冯如的后人，冯培德纠正说“准确来讲我是后来人”。

1909年9月16日、22日，美国皮德蒙地区的一个机场上，年仅25岁的来自中国的冯如驾驶自己设计制作的飞机做了两次成功的短程飞行。冯如于1884年1月12日（清光绪九年农历十二月十五）诞生于广东省江门市所辖恩平的一个农民家庭。他13岁就随亲属赴美半工半读，后来迷上了飞机。他驾机升空的这一年，距1903年12月17日莱特兄弟实现人类第一次有人驾驶机体重于空气的飞行器进行有动力飞行仅6年。

1910年10月，在旧金山举办了“国际航空飞行比赛”。冯如驾驶着自己设计制造的飞机参加比赛，以高度211米、速度105千米/时、飞行32千米的优异成绩，夺得第一名，国际飞行协会发给他优等证书。冯如成为举世公认的飞机设计师、制造者和飞行家。《旧金山观察报》在第一版用大字号标题对此加以报道，标题是《中国人的航空技术超过西方》，报道称冯如为“天才人物”。

在现场观看冯如飞行表演的有中国资产阶级民主革命的先行者孙中山先生。他赞扬冯如爱国图强的精神，并高兴地说：“爱国救国，大有人在！”可惜的是，冯如先生在返回祖国继续他的飞机制造事业时，因一次飞行事故英年早逝，时年仅28岁。

2009年，中国人民解放军空军司令员许其亮在中国航空百年和空军成立60周年纪念活动的启动仪式上对冯如做了如下评价：

“更让我们不能忘记的是揭开中国航空历史第一页，把中华民族千年飞天梦想变成现实的创始人——冯如。他是中国制造动力飞机的第一人，1907年开始研制飞机，两年后制造成功；他也是中国军事航空倡导的第一人，1906年就提出‘飞机已经成为军事上不可缺少的装备’‘足以防御列强的侵略’，他的一些提法比杜黑《制空权》的部分观点早了15年；他更是中国人驾驶自制飞机征服天空的第一人。1909年9月21日，‘冯如1号’飞上蓝天，虽然比莱特兄弟晚了6年，但他飞的时间更长、高度更高、距离更远，迈出了中国航空的第一步。冯如是属于中国的，也是属于世界的，是中国航空的象征，是中华民族的骄傲。我认为，把‘中国航空之父’冠名给这位伟大的爱国者、中国航空事业的先行者，是当之无愧的。”

一个世纪过去了，飞机制造的基础——航空科技和与之相关的科学技术取得了飞速发展，现代航空科技工业呈现出多学科先进技术成果综合应用、多系统集成、数字化、智能化和空天一体化等特点。

一个世纪过去了，中国社会经历了劫难、坎坷，尽管诸多献身航空事业的有志之士在艰苦奋斗，但中国的航空工业和航空科技还是落后于西方。所幸的是，中国航空再次起飞的时刻终于到来了，正如许其亮司令员所讲：“中国航空事业历经百年，人民空军走过60年光辉历程，已经站在了一个新的历史起点上，中国航空事业要展翅高飞，人民空军要实现跨越发展，面临的困难矛盾前所未有，面临的机遇挑战前所未有……”

中国新一代的航空人不甘居于人后，从不气馁，他们发扬伟大先行者冯如的精神，在继续奋斗！

冯如先生去世90年后，广东的《江门日报》在2003年10月22日刊出一篇报道：

中国第一个飞机设计师、飞机制造家、飞行家冯如的故乡——恩平市牛江镇莲塘村又出了一位航空骄子，他就是现任中国航空工业第一集团公司科技委副主任、2001年当选为中国工程院院士的冯培德。

冯培德在纪念冯如先生的活动中曾写到："冯如先生是当之无愧的'中国航空之父'，他之于中国航空，如莱特兄弟之于世界航空。他的伟大创举照耀着我国的百年航空史。他展示出的爱国、拼搏、创新精神不仅对今天的航空人，也对当代的中国人是巨大的鼓舞和鞭策，冯如精神已成为不可忘却的极为珍贵的文化遗产。"

第一章

家世与童年

父　　亲

1907年，冯培德的父亲冯容出生在广东省恩平县莲塘村，莲塘村古时是一个驿站。中国历史上伟大的戏曲家、文学家汤显祖，曾路过并留宿莲塘村。在该村留下《南恩道中》一诗："恩春少佳树，向北梅花夕；入门问小吏，知是莲塘驿……"据传，汤显祖进入村中，发现该村错落有致、宽窄无常、大小不一，或迴龙九曲状，或迷宫，或断头的巷道。汤显祖对诸葛亮九宫八卦阵的研究甚有心得。他把村中的几眼水井和村周围天然生成的地理环境按"坎、震、巽、离、坤、兑、乾、艮"进行布局后，才知道进入了九宫八卦阵。从此，莲塘村的九宫八卦阵形成了一种"霸气"，隐隐带有慑人的气势（见《江门日报》，2006年12月4日）。

冯培德介绍，父亲的名字最早是"蓉"，后来改为"容"，好像是因为"蓉"一般为女孩子名字用。

从父亲零星的讲述中冯培德了解到他的曾祖父是一个进士，他的祖父是一个商贩，主要经营当地的猪仔和其他农副产品，将其贩运到广州等地。祖父虽然从商，但仍关心后代学业，两个儿子都送出去读书。父亲冯容从莲塘村走出来后，考入了天津南开大学，但由于家境困难，难以承受高昂学费，于是祖父曾给南开大学创办人、校长张伯苓写过一封信。张伯苓先生在一次开学典礼上念了三封信：一封来自国外，一封来自广东（就是祖父的信），一封来自天津本地。由于这封信，父亲得到了校长的特殊照顾，获准免交学费。由此可见张伯苓先生"教育救国""允公允能"办学思想之伟大，也反映出祖父的睿智和父亲求学的强烈愿望。

冯培德与父母

父亲进入南开大学后，就读于化学专业，师从著名化学家、教育家杨石先先生（杨石先：1897 年 1 月 8 日出生于浙江省杭州市。先后在美国康奈尔大学和耶鲁大学获应用化学硕士、博士学位。回国后在南开大学任教。1937 年任西南联合大学理学院化学系主任，新中国成立后杨石先任南开大学校长，有机化学研究所第一任所长。1960 年 3 月 21 日，杨石先加入了中国共产党。1985 年 2 月 19 日病逝于天津）。父亲在南开时的广东籍同学有吴氏三杰，其中吴大任教授后来曾任南开大学教务长、副校长，与冯家多有交往。父亲在南开的另一位广东远亲就是唐明照同志（曾被我国派驻联合国任副秘书长），抗战胜利后曾来津拜访过父亲，其女唐闻生曾是外交部五朵“金花”之一，近年来与冯培德在同乡会上相识。父亲于 1931 年毕业后，曾任教两年，后进入创建不久的天津仁立毛纺厂。1939 年父亲与朱铭新女士结婚，后在天津成家立业。

父亲进入仁立毛纺厂后，很快得到了工厂高层的认可和赏识，长期担任染整车间主任。1947 年，他兼任了工厂的襄理，即总经理助理，协助其工作，对工厂早期发展颇有贡献。

仁立毛纺厂的创始人朱继圣先生在京津两地名声显赫，他清华毕业，1915 年获美国威斯康星大学工商硕士，解放后曾任天津工商联副主席、民建主席、政协副主席，全国人大代表和政协委员。他在 20 世纪 30 年代创建的仁立毛纺厂是当时英租界有名的华资企业。1954 年 12 月 1 日，仁立毛纺厂实现公私合营。1956 年 1 月 12 日，毛泽东主席和陈毅副总理视察了仁立毛纺厂。在这一段时期，工厂有了较快发展。父亲的身份是仁立的资方代理人。据相关档案记载，父亲当时的工资为月薪 270 元，这是在实行货币工资后远超出工程师系列等级工资的“保留工资”。

据冯培德讲，他对父亲的印象是工作踏踏实实，业余爱好是打网球，在大学期间曾获全国双打冠军，此后一直到“文化大革命”前都没有放下过网球拍子。解放后，父亲还与当时的天津市市长（老同学的弟弟）一起打过网球。有时开运动会，父亲还曾被邀请去当裁判。除了打球之外，父亲也爱看球。20 世纪 50 年代，父亲经常带冯培德到天津体育馆看篮球、排球比赛，有一次只弄到一张票，还想方设法把冯培德“夹带”进去。总的来说，冯培德的父亲不太过问政治，也不善钻营，但他是爱国的，也是拥护共产党的，解放后政治运动不断，父亲的处境可以想象，然而却没有听到他有任何怨言和牢骚。相反他在分享着“站起来了”的中国人的那份喜悦。父亲曾跟冯培德讲到，30 年代有一天他骑自行车上班被后面飞驶而过的洋人汽车撞倒，十几个小时无知觉，洋人却强词夺理，拒不承担责任，后来还是仁立毛纺厂承担了医疗费用。在冯培德的印象中，父亲是个比较随和的人，但每次谈到此事便愤愤不平。这大概就是半封建半殖民地社会过来的人对新中国、对当家做主的自豪吧。

解放后不久，爆发了朝鲜战争，在轰轰烈烈的抗美援朝时期，父亲态度鲜明。据全国工商联的史料记录："1951 年 6 月 3 日，仁立实业公司总经理朱继圣、副总经理凌其峻代表仁立公司宣布捐献喷气式飞机一架，命名'仁立'号，这是全国工商界向抗美援朝前线捐献的第一架飞机。"父亲也是七名发起人之一（他是七人领导班子之一）。对于这样一件在当时很轰动的大事，父亲并没有在家人面前渲染。在冯培德的记忆中，只记得著名演员常香玉曾捐献过一架飞机，也记着自己作为小学生参加过"千元运动"（当时的千元就是一角钱），但直到父亲病故后，他才从妹妹那里得知父亲也是捐献飞机的积极参与者。由此可见，父亲政治立场鲜明，爱国之心坚定。

1958 年 4 月，父亲被调往天津毛蔴纺织研究所、天津和平羊绒厂（两单位合一）工作，他的工作得到了组织和群众的认可，从档案上可以见到他曾被评为先进工作者。

据冯培德记忆，20 世纪 60 年代，仁立毛纺厂的王书记被调到克勤毛纺厂，到了那里后，他感到该厂技术力量偏弱，就向上级提出把父亲也调到克勤毛纺厂。1966 年，这个厂更名为红旗毛纺厂。

在"文化大革命"期间，冯培德在南京航空学院（现称南京航空航天大学，简称南航）念研究生，家中那时也遭遇抄家，抄走网球拍、麻将牌、首饰、家具等"四旧"。但父亲没遭遇过重点批斗，只"享受"过陪斗，后来就下放到染整车间跟班参加劳动。也许是由于父亲懂技术，做事认真，所以他带班干活期间，从来没有出过质量方面的问题，工人师傅对他评价还不错。父亲下放劳动一年左右，就又返回科室，恢复待遇。后来父亲又被调到另一个厂，在天津机场附近，离家很远，每天要换好几趟车，天天早上 6 点就要起床去上班，这对于一个 60 岁出头的老人来说非常不容易。但即使天天这样辛苦，他也毫无怨言。好在没多久，父亲又调回纺织工业局当顾问，同时在河北工业大学兼课。70 岁后，父亲退休。1988 年，父亲去世，享年 81 岁。

母　　亲

冯培德的母亲朱铭新女士出身于名门望族。

母亲的祖父朱庆澜是民国时期的知名人士。朱庆澜老先生，字子桥，祖籍浙江绍兴，出生在山东长清。自幼孤贫，但勤奋好学，投军后受东三省总督赵尔巽赏识，随后赴川，1910 年升任陆军十七镇统制管，因同情、支持辛亥革命被推为四川大汉军政府副都督。1912 年调任总统府军事顾问部，陆军中将。1916 年后任广东省省长，拥护孙中山先生，将省长亲军 30 营交孙中山，被孙中山称之为“难能可贵的朋友”“卓越的军事家、政治家”。1922 年，朱庆澜出任中东铁路护国总司令，兼东三省特别区行政长官。抗战后组织“后援会”，支持冯玉祥、宋哲元抗战。晚年从事慈善工作，1928—1930 年陕西大旱，四处募捐百万元，亲自押运灾粮赴西安，以至于于右任先生面谢朱将军称“我等陕西子子孙孙永远不会忘记您”。

在近代文化文物保护方面，朱庆澜功绩卓著。北至黑龙江省的哈尔滨有他修建的极乐寺；南到上海，有他保护的静安古寺。陕西塔寺林立，古迹遍布，朱庆澜建树甚多。1937 年，朱庆澜还为重修法门寺开展广泛募捐经费的义赈活动，这是 1609 年法门寺建成后 328 年第一次大规模整修。为了妥善保管文物，朱庆澜专门成立了文物保管委员会，制定了极其严格的制度，以便相互监督和制约。

1987年，法门寺地宫考古发掘，发现唐代珍品藏于铁皮盒中，盒右方竖刻“子桥委员长救济灾童纪念”，左方竖刻“武威童幼所长方炎率四百十三名灾童敬献”字样。据当事人回忆，维修时曾见塔下有井，井下有物，鉴于当时时局动乱，朱庆澜指示，原样修砌，妥加存藏。此即后来震惊中外的法门寺唐代地宫，四枚佛祖释迦牟尼真身指骨舍利（一枚灵骨，三枚影骨）等国宝级文物之所以能完整保存，与朱庆澜的修葺保护密不可分。

朱庆澜先生还是一个反对帝国主义的国际主义者。20世纪30年代初，曾支持韩朝爱国志士反日斗争，为表彰其在朝鲜人民争取民主独立运动中做出的巨大贡献，1968年，韩国总统朴正熙为远在中国但早已作古的朱庆澜将军颁发了两枚建国勋章和一张奖状：

建国勋章证

中华民国故朱庆澜

于我国自主独立运动中，于物质、精神两方面给予积极之支援，对建国做出巨大贡献，为此，根据宪法赋予总统之权限，授予建国勋章和奖状。

总统　　朴正熙

国务总理　　郑一权

一九六八年三月一日

此证记本第390000建国勋章国民账本

总务处长官李赐清印

朱庆澜一生淡泊名利，胸怀宽广，爱人救人，一时传为佳话。他在陕西10余年间，拯救灾民，兴办教育，保护文物古迹，拓荒垦植，奔走呼号，终因积劳成疾，咯血不治，1941年卒于西安灾童教养院，终年 67 岁。西安各界将其公葬于长安县杜曲乡东韦村。

当时陕西省奉命下半旗致哀，国民政府在重庆召开追悼大会，冯玉祥还曾写下《哭朱将军》的悼文："朱子桥，老将军，我民国，大伟人，一生最清廉，行兼智仁勇，只知有国，不知有身，公而忘私，识远器深……大仁大义，一片慈心，全国人民记在心中……"

1991 年，陕西省政协组织了辛亥革命 80 周年暨追念朱庆澜先生爱国精神的活动，冯培德随九叔公朱权作为朱庆澜先生后人参加了座谈会。

冯培德自幼从长辈那里还听说过一些关于外曾祖父的事情，对他也产生了一定的影响。冯培德自述：

"我母亲曾给我们讲过《论语》中的一句话，叫'己所不欲，勿施于人'。

外曾祖父有一次带我母亲等人去南京鸡鸣寺见冯玉祥将军。见到母亲她们这些孩子，冯玉祥就给每人写一点鼓励的话，送给母亲的就是这句话，写在了她的本子上。

母亲跟我讲，冯玉祥这个人朋友很多，为人很正，之所以能做到这样，就是懂得怎样做人。

当时我对这句话也不太理解，甚至觉得'己所不欲，勿施于人'，风格也不算太高。比起毛主席号召的'向雷锋同志学习'，提倡'全心全意为人民服务'，还差很远。现在看来'己所不欲，勿施于人'这样一个做人的基本理念，要真能做到也不容易。"

冯培德的母亲朱铭新出生于 1914 年。其父朱榕，字望溪，1891 年生，毕业于"东北讲武堂"，后在吉林省督军孙占鳌部下任职，很快升为团长，驻防吉林省延吉、珲春一带。“九一八”事变时，朱榕以“维持社会治安”自诩，身陷敌营，被迫在伪“满洲国”任职，随后妻女家人逃进关内。此事发生后，朱庆澜在天津《益世报》上登了同朱榕脱离父子关系的声明。

当时，日本方面先后组织伪满军政要员去日本参观，拜见天皇。1940 年 4 月，日本方面要朱榕去日本，朱榕对家人说他决不拜见天皇；如果非要他去，他就跳海自杀。后来他果然实践诺言，当时的国民政府得知此事后，于民国三十年 6 月 2 日发布渝字第 367 号《国民政府令》，写到：

朱榕为赈济委员会故常务委员朱庆澜之长子，教秉义方，效忠党国。曾任陆军旅长驻守关外，沈阳事变，身陷敌营，去秋寇拟舰送东京，中途乘隙蹈海以死，志节凛然，殊堪矜式，应予明令褒扬，并准入祀绍兴县忠烈祠，以彰忠孝而示来兹。

在外祖父朱榕携家辗转东北的时候，母亲朱铭新与二姨朱又新住在天津三叔家。母亲的三叔曾去美国留学学机械，回来后在开滦煤矿当“高级员师”（可能相当于现在的研究员级高工）。

母亲曾就读于天津南开女中。这是张伯苓校长 1923 年在天津创办的第一所女子中学。

在冯培德的记忆中，母亲通情达理，见过世面，会讲英文。婚后主持家务，担负培养和教育子女的任务，是家里名副其实的“领导”。1958 年，在大跃进的热潮中，母亲曾有一段短暂的工作经历——在街道办的工厂工作，担任这个小厂的负责人，为中天电机厂生产配套零件。1960 年初，工厂停产，母亲仍做些居民委员会工作。母亲对冯培德的影响很大，是他的启蒙老师。据冯培德回忆：

“上小学以前，母亲就在家教我识字、学算术。1948 年，7 岁时的我和年龄小我一岁半的妹妹一起上小学，妹妹上一年级，我上三年级。这样我上学应该是早了一年。1950 年夏，从四友小学转到耀华小学六年级。随后升耀华中学（一度更名十六中，‘文化大革命’后恢复原名）。”

母亲为了当好“教员”，还请父亲去买辅导教材，她说没有辅导材料她可能比不上学校的老师。除此之外，她还安排冯培德到附近一位专门教授英语的老太太处学习。老太太挺喜欢这个六七岁的小孩子，但同学看他年纪小总要欺负他，致使冯培德去过两次就不愿再去了。

在冯培德上学后，母亲觉得光在学校里念书不够，于是要求他在课外时间多念点古文，多学一点数学，为此，母亲还请过两位家教。

冯培德记得给他讲古文的是一位姓易的老太太——冯培德称她易先生。那时他上小学六年级，易先生开始给他讲的是《孟子》。半个多世纪以后，冯培德还能记得《孟子见梁惠王》中写道：“王曰：‘叟，不远千里而来，亦将有利于吾国乎？’孟子对曰：‘王何必曰利？亦有仁义而已矣。’”冯培德说：“当时我非常讨厌背这些内容，觉得一点意思都没有。”读了一两个月后，10 岁的冯培德向家长、老师提出异议，不愿意继续念《孟子》。后来改为讲《古文观止》等。冯培德觉得《古文观止》要稍好一点，韩愈的《师说》、柳宗元的《五柳先生传》，还有孟尝君、信陵君等，比较容易懂，也没要求一定得背下来，易于接受。后来学校的语文课也增加了古典文学内容。

现在回忆这一段读“古文”的经历，冯培德感到有值得回味的地方。中国是文明古国，几千年的历史中蕴藏有极丰富的文化瑰宝。要批判地继承，不学是不行的。小时候，即使不能深刻理解也有潜移默化的影响，提倡“仁义礼智信”“尊师重道”“中庸之道”“和为贵”，反对“苛政”“竭泽而渔”等，这些都是经验总结和至理名言。现在看来，这些论述对人的世界观形成有重要影响。冯培德深有体会地说：“中国的传统文化、中国共产党近百年的斗争经验和光荣传统，加上西方近代文明及管理经验是一个人人生观、世界观形成和管理思想发展的三个重要源泉。现在一些年轻人不学历史，不学古典文学，甚至连汉字都慢慢不会写了，这是很危险的！”

冯培德一生中很突出的性格特点，是具有独立见解并敢于提出自己的主张，这种气质的形成，与他从小受到的家庭教育以及母亲和老师的影响熏陶有直接的关系。

母亲还与父亲商量，由父亲的一位同学推荐一位很有名的数学老师给冯培德辅导。经老师摸底，认为冯培德代数不需要辅导，重点要辅导的是几何。这位数学老师采取的是启发式教育，冯培德印象较深的是解几何题如何添加辅助线。回想起来，冯培德觉得这位老师的二三十次辅导，“与其说是教我做题，不如说是激发起我对数学的浓厚兴趣。此后，我自己去买数学通报、数学通讯杂志(有时不买，光到书店去抄题)，自己做国外数学竞赛题。学校教的那点内容、考试的那些题目就不在话下了。这就是50年代上的‘奥数’”。

在冯培德的记忆中，他一生只被母亲打过一次。他说：

“母亲对我们要求很严格，有一件事给我印象很深。我小的时候很少受处罚，应该说还是比较听话的孩子。但是我也曾和母亲顶撞过一次，为此挨过一次打。那时候我们住的小区采取轮流值日的办法，就是楼前面一直到大门口的地要各家轮流去扫。有一次母亲叫我跟她一块去扫地，我顶撞了她，说别人家的小孩都不去扫，你干嘛非得叫我去扫？母亲狠狠地教育了我，她说你多做点事没坏处，特别是集体的事，你别觉得好像多做点事就像是吃了多大亏一样！”

1957年，16岁的冯培德考取了北京大学数学力学系。母亲并没有因为年龄小而娇惯他，让他自己背铺盖卷，母亲则帮着拎一只装衣物的小皮箱，送他到天津东站，便完成了送行。到了学校后，同学们都各顾各的，冯培德便只好央求报到处的老师帮他照看一下铺盖，自己分两次把行李运到28斋4楼住处。当时都是这样，后来听说北大季羡林教授还曾被一位新来的同学要求看了半小时行李。

上大学后，就有了生活费标准的问题，冯培德属家境富裕的，据他回忆：

“家里原准备每月给我30块钱生活费，后来得知学校每月伙食费12.5元左右，享受国家一等助学金的水平为每月16.5元时，我就主动提出将标准降至每月20元。母亲听了以后很高兴，认为年轻人还是养成节省的习惯好。此标准比别的同学还要略高，只要自己花钱仔细一点应该也够了，特殊了影响不好。其实，后来我在花钱上的‘特殊’也就是比其他同学买书稍微‘宽松’一些。从年轻时养成的节约习惯到618所和到中航工业科技委后，周围人对我有议论，说老冯没有富家子弟大手大脚的习气，但这不是指‘捐款’，而是指不愿瞎花钱。”

2005年，冯培德母亲去世，享年91岁。

冯培德在与笔者谈及父母对自己的养育和影响时，尤其怀念父母博大深厚的慈爱、高尚的品德以及严格、精心的培养，而自己却因忙于公务，难尽孝心，待到有心有力回报时父母均已不在。年近古稀的冯培德对父母的思念之情，溢于言表，动情之时竟至潸然泪下。

母 系 亲 属

冯培德的二姨解放后不久即病逝。

四姨朱友石在其父死后更加坚定了抗日救国的决心。中学毕业后，朱友石从东北进关寻找机会参加抗日。1943 年春，她辗转天津（曾到冯家，但冯培德那时太小没印象）、上海，经地下党组织介绍，于 1944 年 1 月投奔新四军。一年半以后，朱友石在新四军四师政治部敌工部参加了共产党。解放后一直在中国人民大学新闻系工作，其丈夫陈健曾任北京有色金属研究总院院长，冶金部外事局局长，曾主管宝钢技术引进工作。

1949 年东北解放，七姨朱傲石在东北参加革命，曾任冶金部办公厅副主任，其丈夫袁宝华曾任原国家计委副主任、国家经委主任。

八舅朱国纲哈尔滨工业大学毕业，曾任郑州某单位党委书记，教授级高工，现已退休，曾是国务院长江三峡枢纽工程验收专家组成员。

冯培德在回忆这些母系长辈对他的影响时说道：

“四姨对我最关心，对我影响最大。从 1957 年开始上大学就得到她的帮助与教育，特别是谈到‘家庭影响’问题。我后来想到她虽是老革命，但对此事恐怕也深有‘体会’。

我的这些母系长辈都是早年投身革命。四姨父陈健跟我讲，他离开南开中学就辗转去延安，在延安一条街上修鞋时，突然有人拍他肩膀，一看是他姐姐，他们谁都没跟谁通气，但是都跑到延安来了。这使我想到延安这块红色根据地有多么吸引人，也认识到共产党这样一个大熔炉又多么能锻炼人。

我七姨是她们姐妹中体质较差的一位，‘文化大革命’时，在冶金部系统工作，被安排到云南个旧下放锻炼。家人都担心她身体吃不消，但她还写信给我，鼓励我要克服困难，经得起考验（当时我已分配到户县）。后来她回京后一度在远郊工作，每天上下班要跑三四个小时，但仍默默坚持，难怪冶金部的同事都说她是‘好人’。

七姨父早年在北京大学读地质学专业，‘一二·九’运动后到延安，开始在中组部组织科工作。他是所有亲戚中‘官’当得最大的，还是诗人，尤其是他的态度十分和蔼，穿戴十分朴素，给我留下了深刻印象。我在北京大学念书后，每年游行后都到他们家吃顿饭。有一次姨父开了一瓶茅台酒，我也不懂，喝了一杯，睡了一下午。

当时，姨和姨父们经常问及我在学校的学习与生活情况。在困难时期那几年，我便很少去他们两家吃饭了，因为他们家里那几个小伙子能不能吃饱还不知道呢！到了70年代，我开始懂一些政治经济学了，与姨父们交谈时常常提到计划经济。七姨父说‘文化大革命’那几年他就是个大调度，煤、电、粮、棉、油处处告急，忙得不可开交。我说连火柴都得凭票买卖怎么行，他说，总理曾谈到社会主义和计划经济也存在阴暗面，得想办法解决。这件事使我隐隐感到共产党内也有一批人在实事求是地思考问题，而不是仅仅去喊革命口号。终于，在邓小平同志领导下，顺乎民意，顺乎党意，开创了改革开放的新时代。我心里想，共产党厉害就厉害在这一点上，它有能力自己纠正错误。

我的这一批母系长辈们应该说都是出身旧官僚或者相对富裕的家庭。他们都是不到20岁就投身革命，经历过革命战争的艰苦考验，为革命和建设事业费尽心血。他们在革命队伍中也曾受过这样那样的委屈，但当他们回首往事时，总是那么坚强乐观。他们对我的教育和影响不是表现为某一句话而是他们奋斗的一生。”

妹　　妹

冯培德有一个妹妹——冯培英，比他小一岁半，由于兄妹二人在母亲的启蒙教育中一起长大，冯培德与妹妹的感情很深。冯培德曾经回忆起小学时期的一件事：

“妹妹冯培英跟我关系很好。我在学校里只打过一次架。那是在四友小学时，刚上学不久，有位同学有些‘欺生’，为了点小事情，争吵之后，居然和我动手。我记得很清楚，当时我和这位同学在教室外面的楼道里‘武斗’，因年纪小，稍占下风，但妹妹闻讯后马上跑来‘支援’，才扭转了局面。后来老师制止了打架，并责令我们二人在上课时罚站20分钟。

这件事情虽不大，但她那时只有7岁，在我‘危难’时毫不犹豫地‘拔刀相助’，这种情谊一直延续了60年。”

冯培英后来也升入耀华中学，高中毕业后考入天津化工学院高分子系。大学毕业后即进入天津近代化学厂。这个厂是由天津知名民营企业家王光英创办的，王光英曾任全国人大副委员长。

冯培英工作能力很强，人缘很好，她在厂里任副厂长主管技术，在国际合作方面成绩显著。20世纪80年代，冯培英参加民主建国会，曾任民主建国会天津市委员会副主任委员、天津市政府参事室参事、和平区人大副主任，同时她还是第九届、第十届全国政协委员，曾有多个提案被评为优秀提案。

第十一届全国政协会议时，冯培英不再连任政协委员，但新增了哥哥冯培德。冯培德开玩笑说："我是在她退了以后进的全国政协。我曾对她说，如果我早一点进去，兄妹两个都在政协里多好，也能给记者们增加一点话题。"

冯培德对妹妹十分尊重，也十分感激。从16岁离开家后，冯培德便很少回天津，对父母的照顾几乎都由妹妹承担，包括在那些艰苦的岁月里。妹妹当时承担了很大压力，同时也遭遇了不少挫折，但她依然如此豁达，如此坚强，如此奋进，这是难能可贵的。

第二章

自觉磨炼

初露锋芒

1948年，7岁的冯培德入读天津四友小学。面试时老师对他十分满意，同意他直接上三年级，这样他比大多数同班同学都小一岁。

他在这个学校里读了两年。开始有些不适应，第一学期仅考了第7名，后来经过努力，第二学期上升到第2名，之后学习变得越来越轻松。四年级结束时，当听说同班同学赵克正（曾任天津市卫生局局长）要转学到耀华小学并跳一级时，冯培德受到启发，并立即把这个消息告诉了母亲。他决定效法赵克正，也跳一级，进入耀华小学六年级，后来，梦想成真。一年后，冯培德直接升入耀华中学（曾一度改名天津十六中）。

从1951年到1957年，冯培德在耀华中学读完了初中、高中。在这期间，他的学习成绩始终在全年级名列前茅。

年少的冯培德聪明、好学，尤其对数学、物理学科的兴趣浓厚，经常找些难题做。对于冯培德来说，化学似乎比较简单。有一次新学期刚开始，化学课本刚发下来两天，冯培德就浏览完了课本内容并完成了所有习题。由于难度太低，化学似乎总勾不起他的兴趣。

由于老师在课堂上讲的内容远远不能满足冯培德的求知欲，于是他主动拓展学习范围，收集大量书本以外的难题，如饥似渴地学习更多的知识。在解决这些难题的过程中，冯培德的自学能力得到很大提高，进而对课堂上老师的要求感到更不费力，有时数学老师在黑板上刚写完题目，他就已经做完了。据冯培德回忆：“有一次几何老师在课堂上讲九点共圆问题时突然卡壳，我居然在关键时刻给她当了一回助教。”

耀华中学是天津市很有名的学校，这个学校为国家培养了不少优秀人才，包括政界精英郑必坚（原中央党校副校长）、周南（原新华社香港分社社长）等，还有14名两院院士，其中包括国家最高奖获得者金怡濂，两弹元勋——核物理学家于敏，还有冯培德以前就认识的著名航天控制专家梁思礼院士和著名材料专家周尧和院士。冯培德与梁思礼院士交往较多，不仅因为他们曾两次同车去天津参加校友会，还因为他们两人都是广东江门的同乡。梁院士是清末“康梁”变法的大思想家梁启超先生的幼子，他和冯培德一样都是出生在天津的广东人。2003年，去江门开会时有十几名院士出席，但只有他们两人不会说广东话，于是交谈较多。此行中，梁院士谈起他70岁高龄时曾有一次晚上散步掉进路面的下水管道里，居然无大碍。冯培德闻后，心中暗道：此老兄真神人也。冯培德曾与于敏、金怡濂、梁思礼等工作在国防科技战线上的院士一起参加过母校的一场与青年学子的交流会，会后北方网报道了冯培德讲话的内容：

对任何人来说，中学的学习和生活对其后来的人生道路有着深刻的影响，总是令人难忘的，而耀华这座天津的名校对我的熏陶更是使我终生受益……

我的母校给我印象最深的就是一直培养学生德、智、体全面发展，而不仅仅是做个“读书匠”，这对我的人生道路有着极其深远的影响。在学习方面，母校的老师一直教育我们不能偏科，只对数理化感兴趣是不行的，语文、政治、历史、地理也不能忽视。念高中时，我的语文水平在王斗瞻和陶继安两位老师的指导下有了明显的提高，思考深度、概括能力和写作水平进步很大。这其实也是一项极重要的素质，我参加工作特别是担任领导职务后获益匪浅。我经常亲自动笔写请示、汇报材料、对外谈判预案和工作报告，这对项目的立项、经费的获取、谈判的成功和成果的被认可都有很大的帮助。

在思想品德教育方面，学校培养我们关心国家大事和爱集体、爱劳动、爱护公共财物、遵守纪律等基本做人的素质，这对青年人的健康成长无疑是重要的。因为一个自私的人，一个吃不了苦的人，走到哪里都不受欢迎。

德、智、体全面发展，这是冯培德对中学生的忠告，也是对自己中学时代的总结。他对数学兴趣极大，学习成绩很好，但没有偏科。语文、历史、政治、外语学得也都很不错。他在参加工作以后，更深切地体会到了语文，尤其是文字表达能力极为重要。同时他对政治思想方面的学习也很重视，积极参加各种社会活动。

冯培德受父亲的影响，十分爱好体育运动。在耀华中学读书时，他每天早晚都坚持锻炼身体。他是学校田径队的队员，也爱好各种球类运动，包括篮球、足球、排球、网球、乒乓球、羽毛球、冰球等。他在中学读书时没敢跟家长讲偷着去学游泳，后来在南航读书时曾参加过 12 华里[①]顺游长江。冯培德说：

“现在很多中小学生把体育活动和兴趣爱好、玩儿连在一起，踢球好玩，打乒乓球好玩，这其实是不对的。我们念书时，马约翰教授曾提出‘健康为祖国工作五十年’的倡议，这使我提高了对体育的认识。体育锻炼不只为了好玩而是为了身体好，长跑最累但能磨炼人，它一点都不好玩。我听父亲讲他在南开大学读书时曾参加过天津的万米长跑，我也见过他的纪念奖牌。我在北京大学读书时也咬牙参加了万米长跑，虽然没有好成绩，但能锻炼人。我的强项是短跑，虽然身高仅 1.66 米，但 14 岁时百米能跑 12 秒 2（此

① 1 华里 =0.5 千米。

成绩是当时天津市中学生运动会少年组第三名)。400 米接力赛我总是跑第一棒，起跑反应快，发令枪一响，冲出去从不会吃亏。参加工作后我曾代表618 所参加过足球比赛，同时也是研究室篮球、乒乓球、象棋队员，直到50 多岁还参加乒乓球赛。”

工作之余参加排球比赛

选 择 北 大

1957 年，冯培德以优异的成绩从中学毕业。

母亲和老师曾建议冯培德选择清华大学工程物理系，该系于1956 年正式建立，目的是为我国原子能科学技术事业培养理工结合的新型人才，名气很大。但自幼便具有很强独立思考和判断能力的冯培德并没有按照母亲和老师的意见办，他选择的是北京大学的数学力学系。当时只有16岁的冯培德觉得：

“清华大学的工程物理系是学原子能、核工程技术的。我当时也不太懂，母亲和老师恐怕也是道听途说。我自己选的是力学。我喜欢数学，但是我觉得纯数学没意思，最好能够解决点实际问题，当时就是这么个思想。

1956年，中央号召向科学进军，报纸、广播总在宣传苏联卫星上天、图－104飞机、洲际导弹等，我的兴趣是飞行器，希望在航空领域做事情。当时在这个领域有钱学森、钱伟长、郭永怀等知名科学家，从国外回来的，做得非常好。钱学森在空气动力学方面很强，控制理论也很强。虽然不知道他们具体做的事情，但大体上知道这个方向，所以我当时选的力学还是朝着这个方向走，就是有数学基础，但又要解决实际问题。”

现在每年的高考前后，各地都会举办高招咨询会，火爆场面令人咋舌。有媒体报道：几乎每一个参加过高招咨询会的考生和家长都会觉得特别累。咨询的考生和家长将招生老师围得严严实实。好不容易排到招生老师面前，也只能问一两个问题，因为后面的家长催得很紧。有的考生和家长会四处打探，拿了一大堆资料，但是结果却更茫然。绝大多数家长只是为了孩子能够上一所合适的大学，而对于那些青年学子来说，兴趣、志向、前途等，只能是一个梦。

如何在中学阶段发现和培养学生的兴趣，如何在高等教育阶段最大限度地让学生按照自己的志趣选择人学和专业，对于青年一代的成长、成才至关重要。冯培德选择专业时首先考虑国家未来发展的需要，再结合个人的基础与兴趣，经过独立思考后选择志愿，应该说这种做法是值得肯定的。此外，一旦选定方向后就不轻易摇摆，这也是冯培德后来成功的一个重要因素。其实三百六十行行行出状元，干一行爱一行是必要的，见异思迁则是要不得的。

力 学 为 本

在北京大学数学力学系，冯培德学的是“一般力学”专业，研究的是机械运动及物体间相互作用的一般规律，其理论基础是牛顿运动定律，所以也有人称之为牛顿力学。

1743 年，法国科学家达朗贝尔提出：理论力学必须建立在显然正确的公理上；其次，力学的结论都应有数学证明。这一主张构成了理论力学的框架。

经过此后 200 多年的发展，理论力学成为大部分工程科学技术的理论基础之一，冯培德谈到他在北京大学所学专业时说：

“我在北京大学读的是数学力学系力学专业。该专业一般分为流体力学、固体力学和一般力学。我学的是一般力学。流体力学就是顾总（歼 8 型飞机总设计师顾诵芬院士）他们搞的空气动力学，还有水动力学等；固体力学就是结构强度、弹缩性等方面的研究。一般力学，也叫理论力学。从数学角度来看，流体力学和固体力学都是连续介质力学，一般力学讨论的是有限自由度的力学。场是具有连续无穷维自由度的系统，场就没有几个自由度的问题。我们研究的是有限自由度的运动体的规律，比如说天体力学中的二体问题、三体问题摄动理论，振动的问题、控制理论、陀螺动力学，也都属于一般力学范畴。我在北京大学学习的方向是陀螺动力学。”

在这里有必要介绍一下陀螺（Gyroscope）和陀螺动力学（Gyrodynamics）。

有资料记载：中国是陀螺的老家。从我国山西夏县新石器时代的遗址中，就发掘了石制的陀螺。可见，陀螺在我国最少有四五千年的历史。高速旋转的陀螺可以竖直不倒而保持与地面垂直，反映了陀螺独特的运动特性，陀螺技术因此成为数学力学家感兴趣的理论研究课题。从 18 世纪后半叶起，逐步形成了以工程应用为目标的陀螺动力学（又称为陀螺仪理论、陀螺动力学）。

1850 年，法国的物理学家莱昂·傅科为了研究地球自转，发现高速转动的转子（Rotor）由于惯性作用旋转轴可指向一固定方向。他将希腊字 Gyro（旋转）和 Skopein（看）两字合为 Gyroscopei 一字，用来命名利用这一原理制作的一种仪表——陀螺仪。

陀螺动力学理论是刚体动力学的一个分支，它以物体的惯性为基础，研究旋转物体的动力学特性（定轴性、进动性和陀螺力矩）以及各种陀螺装置的特殊性能和功用、误差分析及其补偿和校正等。

早期航海、航空所用的陀螺仪器，有陀螺方向仪和陀螺罗盘、陀螺摆和陀螺垂直器（陀螺地平仪）、陀螺动力稳定器、速率陀螺、积分陀螺和陀螺稳定平台等。20 世纪 50 年代出现了惯性导航系统（简称惯导）。随着科学技术的迅猛发展，从 20 世纪 70 年代以来，又出现了无机械转动的陀螺，其典型代表就是光学陀螺，包括激光陀螺和光纤陀螺，这两种陀螺从严格意义上讲不再遵循传统的牛顿惯性定律，其原理进入了现代物理学范畴。它通过正反两束光在闭合环路内的“萨格纳克”效应测量旋转角速率，但因为沿袭传统叫法，一般仍称之为惯性陀螺。到 80 年代以后，光学陀螺得到了非常迅速的发展。现在，光学陀螺正在逐步取代机械转子陀螺。

90 年代初，随着微电子工艺的发展，一种被称为 MEMS（微机电系统）的惯性传感器问世。它本质上是一种振动型的传感器，利用科氏加速度的原理，沿 x 轴振动的振动体，当沿正交的 y 轴有角速度时，就会在与 x、y 正交的 z 轴上检测到位移。这种陀螺可以做得非常小，因而能批量生产，所以价格也非常便宜，但目前精度尚不够高。还有一种原子陀螺，理论精度极高，在60年代就开始概念研究，近年来已开始进行样机开发，可能会成为未来超高精度惯导的发展方向。原子陀螺和光学陀螺一样，已超出了牛顿力学的范畴。

从50年代末，冯培德开始接触惯性导航系统所用的陀螺，从此就与陀螺结下了不解的情缘。参加工作后从事了从液浮陀螺、挠性陀螺等机械陀螺到激光陀螺、光纤陀螺，一直到MEMS陀螺的工程开发和应用等工作，他把扎实的数学基础与工程实践紧密结合起来，做出了自己的贡献。

冯培德刚进北京大学的第一学期，学习成绩在同班30个同学中可排中上，很多同学都出类拔萃，碰上那么多能人，压力是不难想象的。有不少人就是因为上大学以后适应不了这种变化而“神经衰弱”，但冯培德却表现出了极强的进取精神和适应能力。他十分注意吸取周围同学的长处，很快就成为这支队伍里的佼佼者。班上毕业论文有三人获优秀，他就是其中之一。“高材生”一词，在今天的人际交往中往往被滥用，成为了一个恭维词汇。但在冯培德这里，“高材生”三个字实至名归。翻开冯培德当年的成绩册可以看到，他在北京大学学习期间，所有主要学科的考试成绩保持全优。

大学里优秀学生的表现并不仅仅在成绩上，更重要的是体现在独立工作能力上。冯培德说：

“1960年，苏联撤退专家，国家本着自力更生的精神，上了一批重要项目。其中一个就是09工程的项目，北京大学的无线电系和力学系与北京航空学院（简称北航）合作，进行该工程的惯导和无线电导航方面的论证。我在大学三年级的时候也被抽出来参加该项科研工作，那时我才19岁，一边到北航听课，一边搞科研，当时的课题组中有著名的林士谔教授，北京大学由王兆明老师、陈滨老师带着我们干，惯导主要靠自学，我们读的第一本书就是北航翻译的《浮子陀螺及其应用》。从那时开始，我学会了自学，一直到去南航读研究生期间，已陆续把当时新出的几本关于惯导的外文书都读了一遍，对惯导是怎么回事基本明白了。"

从冯培德的起步阶段我们可以看出，他一是注重打基础，二是注意增强独立工作能力，而不是死读书，一味求"高分"。对自学情有独钟是冯培德后来能在许多新领域开拓进取的一个十分重要的因素。冯培德在谈到对此的体会时曾说："学校只是打基础和教给你怎么学，真正要解决工作中出现的问题还需要不断补充新知识，需要积累经验，而这靠学校所学的知识是绝对不够用的。"

关 心 时 政

在学校里，冯培德并不是只会念书的学习尖子，他还是学校社会活动的积极分子。1955年，冯培德在天津十六中学加入共青团。从1956年开始的10年左右时间里，他在中学、大学和研究生期间都一直担任团支部书记工作。在这个岗位上，他的组织能力和工作水平得到了上级的赞许，曾被推选到天津市和平区团干部学习班上介绍过经验。

在大学里，学习成绩好的学生往往不大关心政治，"两耳不闻窗外事"是较为普遍的现象。但冯培德不同，他能够在繁忙的学习和科研活动的同时，关心国内外大事，同时对党史、哲学等课程也相当重视。他认真学习《矛盾论》《实践论》。在读研究生的时期，他还学习了马克思、恩格斯、列宁以及德国哲学家费尔巴哈的一些著作。对于这些人文社科类的理论，他总是认认真真地去钻研。虽然读起来费劲，但却提高了他的理论素养。这些经典著作对冯培德的价值观、人生观的形成起到了潜移默化的作用。

在南航读研究生的时候，冯培德曾写过一篇政治课论文，以《矛盾论》的观点分析中法建交的问题，他从矛盾的普遍性、主要矛盾、矛盾的主要方面等不同角度对此问题进行了分析。老师对此文的评价相当高。

冯培德后来回顾他的成长过程时曾说：

“我觉得从一个人的全面成长来看，政治理论是一个方面，思想品德是一个方面，工作能力又是一个方面，这几个方面都不应被忽视。”

劳动锻炼

在冯培德上大学的时候，中国经历了建国以来第一次参加人员最广、声势最浩大的政治与经济紧密结合的运动——“大跃进”。

在这场运动中，给冯培德留下印象最深的是参加建设十三陵水库的劳动。

十三陵水库位于北京市昌平区境内，距北京城区 40 千米。1957 年 8 月 21 日开始修建，翌年 6 月 30 日即告建成。水库大坝建在蟒山和汉包山之间，为斜墙式，总长 627 米、高 29 米、底宽 179 米、顶宽 7.5 米。大坝外坡上有毛泽东主席亲笔题写的“十三陵水库”五个大字。

1958年5月25日，毛泽东、刘少奇、周恩来、朱德、邓小平等党和国家领导人曾到十三陵水库工地参加劳动。在“大跃进”的热潮中，北京各大专院校都组织师生参加了建设十三陵水库的劳动。

对这次劳动，冯培德回忆道：

“那是1958年的春天，当时我们这些大学生都高高兴兴地打起背包，从清华园车站坐敞篷货车到了十三陵水库工地。在全国正在‘大跃进’的气氛下，心情是很好的。

我本来以为自己喜欢体育运动，身体状况算是可以的，但是一干活就不行了。以前没挑过扁担，扁担往肩头一放，根本受不了。还有从火车上卸石头，用一把铁锹，上面拴两根绳，两个人拽，自己也不行，推那种绳子套在脖子上的独轮车老翻车。那时候才切身体会到以前毛主席说知识分子‘肩不能担，手不能提’真是一针见血。

十三陵水库劳动使我感到在这方面实在缺乏锻炼，也是人生中第一次遇到的严重挑战。因为自己比同学小两岁再加上以前在家里没干过这些活，一下就发现了自己的弱点和差距。那个时候，劳动强度还是比较大的。一下雨，衣服外面被雨淋湿，衣服里面由于出汗也是湿的，这使我体会到了体力劳动是怎么一个味道。尽管自己总体来看还是很努力的，但也有了一些逃避的想法，譬如说上厕所去，就想多歇两分钟。”

在冯培德身上，人们还可以看到一个知识分子在成长过程中具有很强的自我批判的力量。冯培德曾回忆起：

“当时我与党支部书记老杜有一次谈话。老杜是哲学系的调干生，比我们年纪要大，大概近30岁。有一天，我们走在未名湖畔的小路上，边走边谈。

他说，我相信你是一个很要求上进的同志，但像你这样家庭出身和经历的人，必须要经过痛苦的磨炼。你谈到参加体力劳动的种种感受，应该说体会到了一点什么叫脱胎换骨的改造。

我对老杜这个人印象很好，他待人很平和。他讲的是一些大道理，但主要是强调‘磨炼’这两个字。当时我已经在申请入党，他最后鼓励我要坚持下去，党的大门是会向你打开的。

在我的青年时代，我一直记着老杜对我的勉励，要主动积极自觉地磨炼自己。一个人的人生观、世界观、价值观的形成也要扎扎实实地练基本功，不是一朝一夕听些说教、看两本书就能形成的。当然，在中国首先是要了解中国的国情，了解农村、农民，才能把自己与广大劳苦群众的关系摆正。心中有‘参照物’才能想通很多问题，不至于对个人的物质享受、名利等有不切实际的追求。当然理想也十分重要，我们所做的一切是通过奋斗使国家摆脱贫困落后，个人的发展应该与此总目标一致起来才对。基于这样的认识，我经过25年的努力才加入中国共产党，磨炼的时间不算短。总之，从自己成长的过程来看，价值观的问题要认真解决，要在变化的条件下不断在认识上有所深化。近年来，我和青年朋友们交谈时也特别强调这个问题。大方向问题不解决好，不但难有大作为，也会惹出很多事情。”

严格训练

在北京大学的6年，冯培德不仅打下了坚实的数学和一般力学的理论基础，而且受到了作为一个优秀科学技术工作者不可或缺的逻辑思维方面的严格训练。冯培德谈起北京大学对自己的影响时说：

“我觉得北京大学对我的影响，最突出的有这样两个方面，就是数学力学系非常严格的基础理论方面的训练和逻辑思维方面的锻炼，这是非常重要的。我们数学力学系毕业的人，直到现在都能够将那个时期的东西讲得非常清楚。例如，讲函数 $f(x)$ 在 $x=x_0$ 这一点是连续的，你应该怎么表达？一般人直观地想画一条曲线，一点接一点就叫连续。但从数学上应该怎么表达才准确呢？其实应该说，任给 $\varepsilon>0$，存在一个 δ，当 $|x-x_0|<\delta$ 时，$|f(x)-f(x_0)|<\varepsilon$，就可以称函数 $f(x)$ 在 $x=x_0$ 点是连续的。这样的描述你能够一辈子记得很清楚。当然函数在这一点是不连续的也有一套表述，老师还要求同学举反例来加深认识。北京大学给我们的就是这样一种非常严格的训练。

现在搞计算机编程，博士生们非常熟练，程序编得很快，令人佩服，他们有时连流程图都不画就能把程序编出来，但是却不能保证100%的正确，除了难免的疏忽之外，往往都包含逻辑上的毛病。所以我经常对他们说考试90分就很好，而工程上99.9%也不行，程序考虑不周导致摔飞机的事是有的，因此在方案确定和程序编制上必须十分严谨，不允许有任何逻辑上的疏漏。不仅设计者要严谨，校对和审核也绝对不能流于形式。即使如此，有时还是不能令人放心，这就引出了所谓非相似余度的概念。我感到在做到严丝合缝这一点上，学理科的学生往往比学工科的学生要强些，这不能不说是和他们所受的训练有关系。

北京大学还有一个特点对我很有影响，就是科学精神。这个科学精神包含了实事求是的因素，也有解放思想的因素。北京大学解放思想的校风源远流长。

我在念书的时候，老师给我一篇文章，是苏联人隆茨发表在

《АИТ》杂志上的文章，要我拿去研究一下，看看他有没有说得不清楚的地方，有什么需要进一步发展的地方。并不因为这是权威写的，你是学生，人家是教授，你就不能提出质疑。事实上只有当你能真切地发现前人工作的不足时才能有所前进。几十年来，我大体上就是这样做的，概括来说就是既虚心又'狂妄'。现在的年轻人中有迷信权威不敢跨雷池者，更有没认真研究前人工作就乱发议论、'大胆创新'者，一些博士论文列出了上百篇文献单子，但真正读过多少篇，从中学到什么东西和发现什么问题就很难说了。事实上，严谨的作风和敢于创新结合起来就是科学精神，这对一个科学工作者来说是绝对重要的。"

冯培德在和外国同行讨论问题时常听他们讲："Am I logical?"即"我说的合不合逻辑?"特别是美国人就老是会问这个问题。而我们队伍中的有些同志老是"想当然"，在这一点上不如人家。事实上，逻辑思维能力是从事科学技术工作的基本素养，也可以说是年轻人成长中需要培养的最关键的一个素养。当然仅合乎逻辑还是不够的，没有实践检验的真理还不能算数。

拓 展 领 域

1963年，冯培德以优异的成绩从北京大学毕业了。经陈滨老师（后来曾任北大工学院院长）介绍，他便选择了报考南京航空学院杨昌仁老师的研究生。

南航坐落在钟灵毓秀、虎踞龙盘的历史文化名城南京，与北京大学比起来，南航在当时中国大学的排行榜上似乎与之相距很远。

这一次抉择又一次反映出冯培德的性格和志趣。

冯培德的导师杨昌仁教授，属于当时的少壮派导师。他曾留学、任教美国的大学，回国前被评为教授。在国防科工委的一次会议上，杨昌仁老师和北京大学的陈滨老师结识，谈得相当投机，后来陈滨老师推荐冯培德去考杨昌仁教授的研究生。

此前冯培德也曾想选择中科院自动化所，报考陆元九（两院院士）先生的研究生。陆元九听说冯培德是北大的学生，就表示他搞的是工程，对学数学的不太感兴趣。这使冯培德开始认识到工程技术界对人才的需求是怎样考虑的。他现在也持相似的观点，因此他主张培养研究生不能只做仿真，强调发表论文，而应该创造机会在真刀真枪干的实干过程中增长才干，这样才能得到用人单位的欢迎。

从 1978 年起，冯培德开始有机会与陆元九先生在工作上建立了联系，同时也有更多机会向陆元九先生学习。陆先生对冯培德在航空惯导领域开展的工作给予了充分的肯定，他在冯培德遴选院士的过程中也起到了推动作用。有一次冯培德对陆元九先生说，我当时想投您名下，但您不收我。因为当时两人并没有见过面，陆先生只能莞尔一笑。2010 年，在惯性技术学会为陆元九院士 90 华诞的祝寿会上，冯培德盛赞陆元九院士是我国惯性技术界的一面旗帜，他 30 年来一直把陆老先生尊为自己心目中的导师。

杨昌仁老师对北京大学毕业生冯培德的看法也与陆先生一样，认为北京大学数学力学系的学生数学够用了。他知道冯培德在研究生考试中，数学得了 99 分。杨昌仁老师对他说，是人家不愿意给你打 100 分，总得给你找点毛病，所以给你 99 分。研究生的陀螺力学考试，是导师杨老师亲自出的题，他在题目上设下了一点小圈套，冯培德不小心“上当受骗”，后悔莫及。当师生事后谈起此事时，杨老师露出一丝得意，他提醒冯培德：以后凡事都不可掉以轻心。

杨昌仁老师显然非常了解自己的学生，他不要冯培德在研究生阶段再学数学方面的课，而是给他安排了大量的工程类课目。如电机、电工，还有公差配合等。公差配合非常枯燥，但是要搞工程，不懂公差配合——紧配合、松配合等这一套东西，那也是不行的。他还给冯培德讲陀螺仪表和系统动力学分析，并亲自给他分解陀螺仪表、地平仪这些东西。此外，还请其他老师给他辅导电机、电器、屏蔽、双绞线、单端接地、双端接地等。冯培德感到所有这些补课都是十分必要的。杨老师认为冯培德在北京大学受到的一点生产实习很不够（仅铣床实习、锻造实习），因此在南航又给他安排了较全面的金工操作实习。后来还安排他与1959年入学的大学生一起到212厂去实习，冯培德回顾这一次的实习体会时说：

“实习期间，每天早晨用白布擦地板，我第一次晓得什么叫文明生产。我被安排在一个姓宿的女师傅那里实习操作。她话很少，从上班开始就聚精会神地干活，我在她旁边仔细观看她的各项操作，印象特别深刻的是清洗ΓM－4陀螺马达的轴承。有些活她也让我动动手，但她没让我处理轴承，看来她责任心极强，生怕出点什么问题，我也第一次体会到什么叫质量意识。推导数学公式的那套严格和在工程上这套严格风格迥然不同，这两种严格结合起来才行。

当时的陀螺仪现在看来已经不先进了，因此在212厂实习中所接触的那些技术也就不重要了，但是我在那里受到的那样一种熏陶，特别是那种一丝不苟的精神却一直影响着我。我本人并不擅长工艺，但我却十分重视工艺和工艺设备，我知道离开工艺和制造，再高明的设计也是没有用处的。我在618所当所长时到现场向王晓峰等师傅了解过挠性杆（挠性加速度计细颈为10μm，挠性陀螺细颈仅为40μm）是怎样加工和计量的，我向主管工程师和工人师傅仔细了解激光陀螺反射镜的抛光问题，后来还在技改费尚未到位的情况下毅然决定购买了用于激光陀螺高反镜的镀膜机（价值上百万美元）和挠性接头计量设备。前者使我们超越了俄罗斯，后者使我们的工作效率提高了十几倍。总之，搞工程就得有搞工程的样子，有些同志理论创新创不出来，又看不起工程实际，一辈子虽也辛辛苦苦，但很难做出一点儿“像样”的工作，毛病就出在不重视理论联系实际。

我希望真要搞理论就要概念清楚，逻辑严格，要在技术途径上提出一些新见解，然后能在解决实际问题时发挥一定的作用。而在解决实际问题中我的态度是：越简单的方法越好，绝对不要玩花样。现在高校学生写论文时运用粒子滤波、小波变换、遗传算法很热闹，但其实他们面临的问题采用很简单的方法就能解决。总之，工程上理论和方法越简单越好，越实际越好。

有人说我是帅、将、兵的统一，我说还要有工程师和科学家之间的统一。我到美国去，洪箴教授问我在国内是什么职务，我说是Senior Engineer（高工），他说，在美国人看来你不是高工，应算应用科学家。我觉得他倒是道出了我是个什么样的角色。”

这一段读研经历，使冯培德工程实践能力有所提高，也增强了他应用科学理论解决工程实际问题的意识。具备这样一种素质和才能，才使得他在外国同行的心目中是一位能够解决实际工程问题的应用科学家。

在设定的课程学习完以后，杨老师要求冯培德“到风口浪尖上练一练”，在老师的心目中，这名尖子学生已经具备了进行科学研究实践所需要的基本素质。

杨老师为他选择了天津707所。冯培德去了该所的总体室，主要研究对象是平台罗经。

平台罗经是为舰艇提供方向和水平基准的导航仪器。20世纪60年代初，以美国斯佩利公司研制的MK－19为代表，代替了40年代由德国安修茨公司首创、后来又不断改进的液浮球式船用陀螺罗经。冯培德在707所有机会接触到当时国内最先进的船用导航仪器，包括从苏联引进的沙吐轮惯导平台和玛雅克（即Kypc－6）船用罗经。冯培德还有机会在国产的航向Ⅲ型陀螺罗经上做试验，该罗经是利用陀螺测量地球自转角速度，从而使其旋转轴线精确跟踪地球子午面的仪器，可确保船舶航行中保持正确航向。电罗经启动后能自动“找北”，但很费时，当引入液体阻尼后，罗经的自动“找北”需时20～30分钟，在军事用途的舰船上，提早1分钟完成战斗准备，就提早1分钟掌控主动权，也就多一份胜利的把握。为缩短任务时间，电罗经设置了“快速启动”开关，这需要人工加速收敛过程。冯培德是第一次接触航海仪器，他对如何操作此开关产生了浓厚的兴趣，经他摸索研究，终于把收敛时间压缩到15分钟左右。总体室的领导宁国栋主任对他倍加赞赏，宁主任是陕西人，曾到苏联留学，他对学数学的人介入研究特别重视，因而希望冯培德研究生毕业后能到707所工作。冯培德回忆道：

“我在707所开始了平台罗经的研究，平台罗经与陀螺罗经的最大不同是用加速度计代替液浮摆，并增加了平台稳定系统，因此在电控水平和抗机动运行方面都有质的飞跃，已经是惯导的雏形。我对这个系统很感兴趣，做了方案研究、误差分析，还到上海442厂对船用仪器做了调研，后来因为‘社教’和接下来的‘文化大革命’使我没能在707所继续做下去。其实我家在天津，要不是‘文化大革命’中断了我在707所的工作和后来航空惯导起步对人员的大量需求，我可能就会在毕业后分配到天津了……”

“社教” 风云

1963 年，中共中央在毛泽东主席的推动下，决定在农村开展社会主义教育运动（简称“社教”）。大专院校的高年级学生都被组织起来，分期、分批下乡参加农村的“社教”，任务是宣传贯彻中央制定的农村二十四条政策，防止农村“走资本主义道路”。1965 年夏至 1966 年春，冯培德也被安排去参加“社教”。对于“社教”这项运动，现在已无须评述，下面谈的是冯培德在“社教”中的斩获。对于从小在大城市长大的他来说，这是一次接触社会、接触农村和农民、了解国情的机会。他去的是江苏省江浦县团结大队，这个大队离县城很近。近年来，冯培德去南京出差时，想故地专访，但这片地方已划归南京市，除了一片楼房，再不见半点儿农田，这大概与北京五环内情景类似，真是时过境迁了。冯培德在“社教”工作队集训时患“红眼病”，在扬州瘦西湖工人疗养院隔离治疗一周后，单独乘车去江浦县。下车后他自己挑着行李，走了几里路来到工作队。队里安排他当材料员，这是一项很辛苦的工作，冯培德成了工作队中除了队长和书记以外的“大忙人”，不仅汇总材料写报告，还常去公社的“分团部”开会。在那一段时间，他经常与隔壁大队工作队的材料员林云峰同志同行（林云峰后来任 618 所一室主任，161 厂厂长）。从公社到大队要步行两小时左右，他们两人无话不谈，成了好朋友。

“社教”从某种意义上讲是“整”农村干部的，因为工作队一进村，农村干部统统“靠边站”。但是经过一段时间的工作后，冯培德感觉到农村并没有那么多“走资派”。原大队书记朱 × ×是一位50多岁的“小老头”，尽管被揭发出在经济上、生活作风上有不检点之处（包括赌钱），但是他在困难时期想了很多办法。例如，在麦田间种其他作物，使大队农民得到了实惠。此外，他在一次防汛工作中一直冲在前头，很多贫下中农对这些事都看在眼里，记在心上。村里的大队长年纪更大些，整天东跑西颠，哪里有问题就到哪里去，工作队进村后也经常找他商议。时间一长，冯培德就感到：

“虽然我天天在整他们的材料，但却逐渐增加了对他们的同情和尊敬，也感觉到了农村基层干部的辛劳。此外，我对‘大多数干部是好的和比较好的’。这一结论有了感性认识，明白了观察人和事一定要全面，分清主流、支流，决不能一叶障目，一棍子把人打死。”

冯培德回忆他所在工作队时说：

“队长杨聚山同志是仪征县教育局的一名干部，此人党性很强，他经常加班加点工作；他处理事情认真、果断、公平；他对自己要求极严格，对同学们很关心爱护，当时我就很佩服他，他对我的“不良影响”就是在开夜车时教会我抽烟。‘文化大革命’期间，从张玉香同志那里得知，杨队长因胃癌病故。想起在工作队时，我就曾两次见到杨队长用手撑着胃，头上冒着汗珠，在风雨中走村串户访问贫下中农，当我问起他要不要回去休息时，他说自己还能坚持。现在想起来真是后悔，应该早劝他去看病，这么好的一个同志英年早逝真令人惋惜。我总觉得在我们的干部队伍中不只有一个焦裕禄。”

冯培德所说的杨队长在中国并不出名，但他对冯培德的感染力却很大。据说冯培德当了所长之后因过分劳累，有一次在办公室与张琼、吴坚两位同志讨论工作时，他的姿势由站到坐，由坐到斜靠在沙发上，两位年轻同志忙倒水给他并让他休息一下再说，但冯培德坚持要把想法说完，直到最后躺倒在沙发上。他们赶快把冯培德送到医院，从下午5点到晚上9点他一直闭着眼，不怎么说话，只是感到头晕。冯培德的这表现或许也是受杨队长所作所为的感染。

在“社教”期间要处理很多“四不清”的大小“案子”。有一次某个小队转来一个重大线索，大意是一个会计可能把一本账的钱都贪污了。因为时隔三四年，会计本人也说不清，只表示自己没问题，到工作队的工作快要结束时这还是一个悬案。后来工作队派冯培德去处理这件事，经过两三天认真调查和分析，他终于把来龙去脉说得清清楚楚，他给揭发人、当事人和工作队队员讲了20分钟，当事会计感动地说：“要不是工作队实事求是，我跳进黄河也洗不清，连我那两间半草房拿来赔都赔不起。”冯培德说：“我们不是老念毛主席语录‘世界上怕就怕认真二字，共产党就最讲认真’嘛，什么看起来复杂的事，真要认真也没有什么了不起的，工作队就是要尽量不冤枉一个好人，不放过一个坏人。”这件事除了当事人感激、工作队满意外，冯培德自己也加深了对我党“实事求是”的好传统的认识。冯培德说，当“社教”工作队员使我长了不少见识和经验。后来他当所长期间，因为脾气急，工作繁忙，批评不当，言语伤人的事是有的，但经他手的冤假错案却可以说没有。冯培德还谈到：

“我刚到工作队时临时住在一个队部大会议室（草棚）的角落里，后来夏庄队一户姓王的贫农父子两人（女主人已病故）觉得我住在会议室不是个办法，就主动邀请我搬到他们家。这家的主人只有一条腿，拄拐走路，靠编织为生，生活很困难。我住在他家帮小孩辅导学习，做了一点事情。有一次正逢节日，他们家杀了一只鸡，晚上还给我留了一碗鸡汤喝，我感到过意不去，他们却说：‘你天天工作那么忙，这是我们的一点心意，你趁热喝吧！’说实在的，在那八九个月时间里，伙食是比较差的，我和工作队队长、政委在一家放牛的贫农家搭伙吃饭，他们对我们很好，但按当地习惯，一天吃一顿干饭，喝两顿稀饭，在生产队的工作人员也差不多。这样的生活一两天还可以，长期这样，很多学生就受不了。当时和我一起参加‘社教’的都是大学三年级的学生，他们很多人悄悄跟我说吃不饱。但当时工作队有规定，不许自己去买东西吃。这些学生实在忍不住，就悄悄地跑到县城买点饼干吃。因为离城也近，他们跟我和吴志鹤老师说了。我们只能说，要注意影响，别太声张。我也去买过两三次，在晚上加班时还拿出来给队长、政委分点，他们问‘你哪儿来的粮票’，我说家里给了我一点全国粮票。那段时间虽然生活很艰苦，但相处很融洽。当我们想到农民兄弟们也是不够吃，但他们却还承担那么繁重的体力劳动，心里更不是个滋味。

通过参加‘社教’，我体会到了我国农村生产力落后的程度，以及农民生活水平低下的程度。”

这次参加“社教”运动，对冯培德的一生产生了很大的影响。时隔半个世纪，回忆起当年在农村了解到的一切，他很动感情，也有很深刻的思考：

“参加‘社教’，我最大的体会是，一定要尊重农民。

我不是从农村出来的，但中国的事情，譬如解放战争，主要就是靠农民；解放后也主要靠农民提供吃的、穿的；改革开放以后，30 万亿 GDP 和几万亿美元外汇余额，有相当一部分也是农民工创造的。他们生产了多少鞋、多少衣服、多少电子产品？他们总是背井离乡，超负荷劳动，但得到的却是很低的工资和很差的生活条件。中国的农民在这一个世纪之内做出来的贡献和他们忍受的痛苦都是巨大的。

我们应该理解他们，既然认为三农——农村、农业、农民问题重要，就应该实实在在地为农民做些事情，包括农民工孩子就学的问题，几千万留守儿童从长远看难道不是一个重大问题吗？

另外，我觉得，在一个人的成长过程当中，有这样一段经历是有意义的。老一辈革命家深深扎根于人民群众之中，我们也应该补这一课。共产党在土地革命、解放战争时期，能够号召千百万群众（主要是农民）不怕死地跟着干革命、打天下，这个号召力来自哪里？力量来自哪里？主要是共产党理解农民，代表了农民的利益。生活在改革开放30年后的今天，我们也要牢牢记着这一点，才能多做好事，少犯错误。”

“文化大革命”洗礼

“社教”刚结束，一场突然降临的政治风暴就出现在冯培德面前，冯培德的研究生毕业分配被搁置了，他与南航的师生一起参加了轰轰烈烈的“文化大革命”运动。

他印象最深的是参加运动后不久就参加了步行串联。回顾这一段不寻常的历程，他说：

“我们步行串联从南京去井冈山，大概得走两千里路的样子，走了28天，背着行李，走到哪儿住到哪儿，这也是一个很大的锻炼。

我们当时是6个研究生自己组织起来的一支‘长征队’，看到我们的‘宣言’海报后，有上海来串联的中学生，其中三个女孩儿，两个男孩儿，也来入伙。有了他们，一路上每到一处，唱歌、跳舞、做宣传就更活跃。我们那时二十四五岁，带着这些中学生串联也很费劲。进入江西省后平均每天从一个县走到下一个县，大约七八十里路，最多的一天从经公桥走到景德镇，路程120里，现在开车只需半个多小时，但那时我们走了一天，晚上10点才到接待站。还有一天，我们还尝试了野外露营，晚上煮了稀饭。第二天早饭没吃就出发了，走40里路以后到了一个公社组织的接待站，给了我们一脸盆饭，一人一碗马上就消灭光，于是就要求再来一盆，平均一人就得吃一斤多米饭，把接待站的人吓坏了，这些戴眼镜的书生怎么这么能吃？

经过皖南根据地到井冈山根据地，听当地群众讲革命传统，还是很受教育的。

2009年，我们这批上井冈山的‘长征老同志’又在上海会师了，不论上班的、退休的、国内的、国外的都凑齐了。由李忠海队长（国家质检总局领导）主持，承路同志还朗读了他保存的珍贵日记片段，大家都感到那是人生中极不平常的一段经历。我觉得现在的年轻人缺少一点磨炼，太好的生活环境下长大，真正遇到点事，能不能顶得住？”

在回顾“文化大革命”期间的感受时，冯培德谈到：

“‘文化大革命’中特别讲究‘红五类’‘黑五类’的界限，我也感受到了‘触及灵魂’的冲击，但我所处的环境尚好，老师、同学中即使‘派别’不同也都能‘与人为善’，这是很少见的。当时大家都是响应毛主席号召投身伟大的‘文化大革命’之中，开始都是满腔热情的，但有‘社教’的经验，我对于批斗学校内的干部大到党委书记，小到党支部书记都没有积极性，总觉得给他们加的‘罪名’过分牵强。倒是对省部级以上的‘大鱼’有点‘兴趣’，在江苏省就是凭着道听途说的小道消息，稀里糊涂地跟着人家喊‘打倒江渭清’‘打倒许世友’之类口号。随着时日流逝，后来我开始思考，怎么老革命纷纷被打倒？怎么能停工停课甚至发展成武斗，这和‘文化’有什么关系？更加之‘文化大革命’的红人，如‘王、关、戚’、陈伯达、林彪及‘黄、吴、叶、李、邱’等也纷纷落马，自己开始由‘激情跟随’转向‘冷静思考’。从1958年就受到过所谓做‘党的驯服工具’的教育，连春节的对联也是‘听毛主席话，跟共产党走’，这个大方向是对的，但是毛主席并不见得百分之百正确，看来一个政党如果上下不一致，就没有力量，而要求党员不独立思考，只是做驯服工具，也是不对的。一个政党，一个领导人出于其局限性而犯错误是难免的，对此，邓小平同志主持的‘真理’大讨论中已给出了结论。中国共产党的伟大不在于它不犯错误，而是在于它能认识并及时纠正自己的错误。如果全党既能在行动上听从统一号令，又能在认识上解放思想，不迷信权威，就能使我们的党更加成熟，更能集中群众的智慧，真正做到‘从群众中来，到群众中去’。应该说，经历‘文化大革命’后，我们的党更坚强更成熟了，当然我们自己也更‘懂事’了。”

冯培德还说了另外一点体会：

“经过和没经过‘文化大革命’的一个重要的区别，就是对‘整人’的看法。我的看法是绝对不能整人。我当了10年团的干部，也多少参与了一些打‘小报告’之类的事情，那时候是整人的年代，要想完全‘干净’很难做到。‘文化大革命’以后，整人的人和被整的人都很不好受。所以，不能用整人的办法来推进一些事情，还是要采用和人家讨论的办法、争取共识的办法、有不同意见可以保留的办法。我在所里，人家说我冯某人是一个脾气比较急躁的人，耐心不够，爱训人，但冯某人决不整人。我觉得‘文化大革命’当中很重要的一个收获就在于此，包括发现有些人给你打‘小报告’，那我也是一笑了之，决不以牙还牙，想方设法收拾你一下，这种事情不能干。

我觉得‘文化大革命’当中很重要的教训有两条：第一是不要盲从；第二是不可整人。对个人来说需要这两种品质，作为一个政党也应该看到这些教训。现在中央倡导科学发展，要建立和谐社会、和谐世界，我觉得这是以胡锦涛为总书记的党中央对执政党提出的新要求，与以往只强调‘共产党的哲学就是斗争的哲学’，‘与天斗、与地斗、与人斗其乐无穷’有很大区别。其实斗完敌人斗自己是最大的悲剧。‘和谐论’把我们中国的传统文化中‘中庸’‘和为贵’这一套思想和共产党的理想与目标结合起来，是一个很大的进步。当然，社会上、人群中不可能没有斗争，但斗争不是目的，也不一定是最主要的手段。”

六七十岁的人都经历过解放后的政治运动，特别是“社教”“文化大革命”之类的运动。像冯培德这样的知识分子虽然“家庭出身”不好，但因为当时年纪轻，又比较听党的话，因此没有受到什么冲击，本来没有多少“故事”好讲。但值得一提的是，他在经历这些政治运动中悟出了一些深刻的体会、教训和理念，这是难能可贵的。

再 教 育 课

从1958年起，直到随后的10多年，冯培德在学校陆续参加了不少体力劳动，但最集中的劳动锻炼还是到618所后又下放到位于白洋淀的38军农场锻炼的一年半时间。当时宣传“解放军是毛泽东思想大学校”的口号，刚分配到618所的100多名大学生、研究生都被送到解放军农场接受“再教育”，冯培德随1966届本科生分到了38军农场，被编为第四连（航空业界的许多知名人士如630所原所长陈启顺，603所原所长李宏毅等都是冯培德的“战友”，但他们分别在一连、二连）。在农场期间，冯培德一边从事农业劳动，一边在农闲时清理思想。谈到农场的生活，冯培德深有感触地说：

“在农场的一年半时间稍长了一些，但还是有收获的，一天到晚‘斗私批修’，私字总能少些吧！印象最深的还是部队领导郑主任对我们的几次讲话，他希望大家不要灰溜溜的，要以积极的态度对待这样一次难得的锻炼机会，青年知识分子有不少毛病，但这些人将来都是国家栋梁之材，因此知识分子既不要瞧不起劳动人民，也不要把自己真的当成‘臭老九’。他的一番话使我们听了以后都很服气。想到30年代的革命知识分子去延安锻炼，今天我们这批人到解放军农场锻炼也确实是个机会。我们在农场时与‘社教’时不同，干活虽辛苦但吃得饱睡得着，还干过下河抓鱼摸虾一类的事。

在农场期间，我们不仅从解放军干部和贫下中农身上学到了一些好的品德，也在困难中发现了同志们为人处世的一些优秀品质。记得有一次割麦子，一人管四行，因为我没干过割麦子的农活，再加上镰刀不快，进度较慢。在我旁边的是副班长张新亭同志（后来调到607所），他干过农活，手脚麻利，本来可以一马当先冲到最前头大显身手，但他在前面隔一段时间就帮我割一行，休息时又来帮我修理镰刀，此事看起来不大，但却令我深受感动。我知道他的本意并不需要表扬，也不想作为'讲用会'上的材料，我也没有到处宣扬此事，但我却一辈子不能忘，这倒不是因为他在我困难时曾向我伸出过友谊之手，更重要的是他做了好事并不想声张，这一点是十分难能可贵的。

还有一件事是有一天晚上在七集村与戴元放同志（曾任南京市邮电局局长）值班站岗，当时附近地区正在武斗，远处不时有枪声。半夜两点半，指导员来查哨，问我们有没有情况，我们说本村夜里有人走动，他嘱咐我们一定要提高警惕。到换岗时，我和戴元放都互相提出让对方先回去叫人来换岗，这样可以早休息些，后来还是他先走了，但过了20分钟，他又跟着两个换岗的同志一起来了，我感到很奇怪，原来他在返回宿舍的路上发现村里有人走动，心里不踏实，他对我一人回去有些担心，所以又返回陪我一起走。这也不是件大事，但使我再次领悟到'患难见真交'。当然这两件事都不是大事，我这一生中帮助过我的人很多，不能一一列举，我特别讲这两段在农场经历的小故事是想强调雷锋的火花常在人们身边出现，周围的同志有很多值得我学习的地方。"

"学做事要先学做人"，听冯培德讲他在农场历练的故事使笔者得以从另一个侧面来观察他，那就是他能把别人几十年前对他的一点"恩惠"始终放在心上，说明他很看重人品和注意在这方面进行"修炼"。笔者问及冯培德同志，是不是现在个人顾个人的倾向严重了，助人为乐的精神比以前差了？冯培德认为也不尽然，他又举了两个搭便车的例子。有一次冯培德和刘大响院士一起乘车去中航工业集团总部，在京通快速路上出现小交通事故，因对方纠缠车不能马上开，他们俩就决定走路赶去开会（因为无出租车可打），没想到没走几步就有车在身边停下，是西亚某个国家的一个大使馆的官员主动送他们到了大北窑，刘院士说，运气好遇到“洋雷锋”了。还有一次冯培德在昆明开会，会后去石林参观，回来的路上遇到严重堵车，因为要马上赶飞机回京参加第二天国家发改委组织的一个立项会，急得要命，就在这时，一辆小轿车停下来，从小路上把他带出去，还送到了昆明机场，冯培德感激不尽，人家只说是“云内动力”的，说明这个社会还是好人多！笔者又问他是否也做过此类好事时，他想了一会说：“1960 年困难时期曾支援丢饭卡的同学 5 斤全国粮票，也算一件吧！”其实他在担任 17 年所长期间的那种奉献精神才是真正值得称颂的。

一位院士在回首往事时花了很大篇幅讲个人成长过程，以及人生观和世界观形成过程，而不是只谈他在科研工作中取得的成绩，这也能看出冯培德同志的良苦用心，他并不关心一本书对他的评价，他更希望青年读者了解他们那一代人是怎样成长的，毕竟冯培德他们是承先启后的一代人，现在的年轻人将面临更严峻的挑战，他们或许可以从上一辈科学工作者身上吸取必要的营养。

第三章

步入航空

奔赴 618 所

1967 年，南航研究生冯培德与被“文化大革命”延误的 1966 届大学本科毕业生一起分配到地处陕西省户县李家庄的 30 所（即后来的 618 所），这是中国航空工业史上第一个从事机载设备研究设计的机构。

618 所户县原址全貌

618 所历史上几经更名，它起源于 1956 年 10 月成立的航空仪表设计室筹备组，昝凌同志为筹备组负责人。

昝凌，1912 年 9 月出生，1932 年考入南开大学，1936 年转入清华大学数学系学习。他是我国航空仪表专家，中国航空仪表科研机构的创始人和飞行自动控制技术的开拓者之一。他先后当选为第一、第二、第三届全国人大代表，是国家早期授予的一级工程师。

1956 年 10 月 23 日，张守恒作为航空工业局首批抽调到航空仪表设计室（第三设计室）的 5 名工程师之一，来到了北京。1957 年 3 月，航空仪表设计室在北京成立，昝凌为室主任兼总设计师。随后几年，张守恒与韩宽庆、李沛丰、杨可丽等 4 位“文化大革命”前的工程师协助昝凌副所长组建了 618 所的技术线。

在昝凌等一批老专家带领下，第三设计室从改进苏式仪表设计入手，开展了ТЭ－15转速表（含传感器）、АГИ－1地平仪和陀螺磁罗盘ДГМК－3放大器的改进设计，以及小功率磁滞电动机的自行研制。

经过3年建设，1960年3月26日，经第一机械工业部（简称一机部）批准，代号为“第一机械工业部第30研究设计所”（简称30所）的航空仪表、自动器研究设计所成立了。

1961年，国防部航空研究院（简称六院）正式成立，30所划归六院领导，9月，进入军队序列，军队代号为“中国人民解放军4298部队”（1962年7月15日改为总字931部队）。当时的所址在陕西阎良。1965年1月，六院与第三机械工业部（简称三机部）合并，全所现役军人集体就地转业。同年7月开始，30所陆续迁往陕西省户县李家庄。1968年3月20日，30所更名为“中国人民解放军第618研究所”，随后几年隶属关系几经变动，于1974年1月启用“第三机械工业部第618研究所”名称，近年来更名为中航工业自控所，但618所在当今航空界和西安市还是颇有名气的。

冯培德谈到当初刚入所时的印象时说：

“当时谈论毕业分配的地点，学生们戏称最理想的是‘天、南、海、北’——天津、南京、上海、北京。我在天津出生，北京读了6年书，又到南京读了研究生，就差上海没待过。原来自己是准备去天津的，后来因为航空工业系统有新任务需要人，结果分配时一下子到了大西北。那时的提法是服从组织分配，到祖国最需要的地方去。因此当接到组织通知，说航空工业需要、又专业对口时，我就奔赴西安了。刻苦求学那么多年，终于要去一个干惯导的单位，心里还是有些渴望的。

要问有没有思想准备，可以说又有又没有。南航有老师在1967年5月被召集到30所进行残骸分析，他们向我简单介绍过一些情况，如地方比较偏僻，吃米饭很少等，因此我多少有一点思想准备。但是不能说思想准备很够，现在回想起当时的情景仍然历历在目。我们到了西安，又坐了两小时汽车，就见到了一大片房子，我们以为到目的地了，其实不然，此处叫余下镇，有惠安化工厂、余下电厂等单位，当时已有支线铁路修至此处，因此也算重镇。但我们要去的30所还要再往前走18里，车再前行见到的就是一片田野，快到30所时就看到山了。在北京大学读书时曾和同学们爬过一次香山鬼见愁，不能说没见过山，但这一次不一样，目的地30所就在南山脚下，可谓开窗见山，走出院墙就是农田，这里将成为自己长期工作、生活的地方。尽管此地位于当时大名鼎鼎的农民画之乡户县，又是关中地区著名的产粮大县，有所谓‘金周至，银户县’之称，但当时心里还是感到这个地方够偏僻的。

本人很少以诗抒发感情，但偶尔也写过两三首小诗，都未留存，记得其中有一首诗的开头就是‘迢迢去故里，悠悠赴南山’。

到所后，我和南航一起来的同学被临时安排到一个大草棚里住下，接待我们的是所干部科派来的李万龙同志。当时研究所新建不久，职工宿舍紧张，再加上‘文化大革命’期间存在无政府主义，人事部门在安排住房方面说了也不算数，只好将这批新来的学生安排在基建仓库里。我住的那个草棚门上写着一个‘六’字，大家戏称‘草字六号’。那里没有卫生间，上厕所要去外面的公用厕所。草棚门口有一排水管子，大家洗漱就在那里，没有遮挡，遇到下雨的时候，就得打着伞刷牙洗脸，实在不便。好在我在那里住的时间不长，就被本室薛春义、刘文虎等同志‘接纳’，住上了西区平房，但洗漱仍在外面。

除了住以外，食堂的条件也很差。一开始大家都不习惯。一个食堂里两三百人吃饭，就只有七八张桌子，所以我们打到饭就端到外面，全蹲在墙边吃饭。陕西八大怪中有一条‘有凳子不坐蹲起来’，陕西人蹲着吃是习惯，而我们蹲着吃却是因为没凳子。伙食条件也不好，1967年的时候，应该说全国的情况已经有了很大的好转。我在北大的时候，是饿肚子吃不饱饭。1963年到南京后伙食就很好了，在食堂可以吃个粉蒸肉、米饭。但到618所后，伙食标准下降不少。当时样板戏《红灯记》里有一句台词，是李玉和对李奶奶说的——‘有您这碗酒垫底，什么样的酒我全能对付！’当时在食堂吃饭有些同事就说‘有了四食堂的饭垫底，那就什么样的饭都能对付’。这当然是发牢骚，说怪话，表示对食堂不满意。其实伙食不好的主要原因还是当时经济情况没有根本好转，一个月半斤肉，四两油，还有那么多粗粮，真是巧妇难为无米之炊呀！记得当时开饭前食堂门口总是挤满一大堆人，食堂门一开就往里冲，大家戏称‘攻打冬宫’，冲到前面才能买上‘肉菜’。我在四食堂吃饭吃了15年，时间一长，我与管理员柴本梓、康抗初以及炊事员韩全胜、唐安孝和赵今茂等师傅也就比较熟了，关系还不错，因此我能理解他们的难处。他们每天早上四五点钟就得起床，为大家做早饭。他们中间有的比我还年轻，其中有几位现在已经去世了。我担任所领导以后，经常对他们说，所里单身员工吃饭是大事，就掌握在你们手里，你们一定要弄好。”

李万龙，1967年在618所政治部干部科任科员，后来担任过惯导部的总支书记。时隔40多年以后，回忆起当年接收冯培德等一批大学生时的情况，他还记得非常清楚，在谈话中他说：

“冯所长到所以后，第一个见到的可能就是我。因为我是政治部干部科负责接待大学生的科员，是我用一辆大卡车把他们接到所里来的。那时所里就只有一辆小车，是副所长兼总设计师眢凌的专车，其他就只有卡车。

当时所里还处于基建期间，只有一栋单身宿舍楼，安排不进去了。所以我们就安排他们住进了基建的一个仓库里，是一个大的草棚。那个地方，所里人叫西城区。那次来了五六十人，都住在那里，睡通铺。

他担任所长后，每年新大学生来，入所培训后，所领导都要与大家见面。我那时已经在基层单位任支部书记，多次参加过这样的会议。他不止一次在会上讲到：我来所的时候，是李万龙书记安排我们住进了草棚……

他为什么这样讲，就是要教育青年人不要怕吃苦，没有艰苦创业精神什么都干不好。现在条件好了这种精神依然要提倡。”

冯培德回忆那个时期自己是“傻傻的”，如果想回天津的话，想点办法，动用点关系，强调一下母亲需要照顾，完全可以做到；但自己从来没往那方面想，只想着能到一个自己喜欢的惯导研究单位去工作。

冯培德当年就这样走进了远离城市、处于大山脚下的618所，作为一个在城市里长大的年轻人，他肯定有一段不适应的时期，但好在他快速调整心态，以乐观的态度面对生活，很快便适应了当时的艰苦环境，把注意力集中到了他一直孜孜以求的惯导事业上去，应该说大学时期磨炼的心志和养成的简朴生活习惯起了很大的作用。

惯性导航

在人类实现了有动力的飞行以后，飞得更快、更远、更高成为航空人一个永远的追求。从20世纪60年代初开始，无论军机和民机都陆陆续续装备了惯导，以应付远距离飞行和空空、空面作战的需要。

要实现引导飞机飞行，导航技术手段有多种。按有无外界辅助设备来划分，有非自主式导航与自主式导航。按技术手段划分，有无线电导航、惯性导航、天文导航和匹配导航等。

与其他技术形式相比，惯性导航的最大优势是其安全自主性，不需要借助任何外界台、站、星的支持，也不向外发射电磁波信号，因此抗干扰性好，隐蔽性强；不受飞机机动飞行的影响；不受航行地区和气象条件的限制；导航参数信息输出最全。基于这些独有的特性，惯性导航技术在军事上有着更为广泛的应用。

对于很多人来说，惯导是一个陌生的科技术语。冯培德做过一个带有科普性质的介绍：

惯导是不依赖于任何外部信息、也不向外部辐射能量的自主式导航系统，属于推算导航方式。它依靠自身建立的测量基准系（例如，指东、指北、指天），来测量运动物体的加速度和角速度，从而得到运动物体的速度、位置、姿态、航向等最主要的运动参数，并根据这些信息计算出其他航行所关心的数据，如实际航向与预定航向的偏差，实际位置与预定航线偏离的距离、到目标的距离等。

从类型上划分惯导可分两类：第一类称平台式惯性导航系统（简称平台惯导），其特点就是不管运动体怎样转动或摇晃，惯导都能隔离载体姿态运动，保持平台水平，并有固定指向，平台的稳定要靠陀螺的测量和稳定回路来实现。因为地球是个球体，当飞机飞行时地理水平面是不断变化的，因此要根据飞行速度不断对陀螺指向进行修正，以使惯性平台在飞行过程中始终保持在当地的水平面内。惯性平台如果不水平，装在平台上的加速度计就会测量出重力分量，并把这部分加速度当成载体的加速度，积分后产生速度、位置误差，时间越长误差越大。因此初始对准后要求平台偏离真水平2角秒（对应1/100000的重力加速度）。2角秒是什么概念？举个例子，足球运动员在北京射门，要在天津进球，角度精度约8角秒。在外场，特别是机体晃动很厉害的情况下，要能稳到2角秒，不是件容易事。对准后能使初始水平偏差达到2角秒固然难，要保持就更难，这就要很先进的陀螺。高速旋转下的陀螺特性具有定轴性，我们的航空陀螺仪表就是利用了陀螺的这一特性。也就是说陀螺轴的指向应该稳定，不能跑掉。如果跑掉了，就称之为漂移。这个漂移要小，陀螺的精度才算高。要做到多少呢？航空的陀螺一般允许的漂移是0.01度/时。这个角速度是地球角速度的1/1500，以这个角速度转一圈（360度），需要4年的时间。所以不要说要把陀螺做到这么一个精度很难，测量都很难。测量精度要很高，否则很难判断陀螺达到什么精度。舰艇用惯导因续航时间长对惯导要求更高，所需要的陀螺精度甚至高到0.0001度/时，也就是需要400年的时间转一圈（360度）。因此惯导的原理上并没有太多的奥妙，但要达到如此高的精度却是极难的。

第二类是20世纪70年代研制出的一种新型惯导叫捷联式惯性导航系统（简称捷联惯导）。“捷联”（Strapdown）的英文原义就是“捆绑”。因此，所谓捷联惯导不再将惯性敏感元件（陀螺和加速度计）通过稳定平台与机体运动隔离，而是直接“捆绑”在机体上，由计算机建立一个虚拟的“数学平台”。捷联惯导体积小、质量轻、成本低，但技术难度更大。为了使导航计算精确，必须精确知道惯性测量坐标系对地理坐标系的转换矩阵，才能将加速度、陀螺的输出转化到地理坐标系进行计算。因为飞机是高动态飞行器，战斗机的最大角速度（沿纵轴）可达400度/秒，因此计算频率必须非常高。另一方面，陀螺既能测400度/秒的最大角速度，又要保持小于0.01度/时的最小角速度，其测量范围超过10^8。以前的陀螺的测量范围达不到这么宽，计算机算不了这么快，因此到70年代后期才出现可用的机载捷联惯导。

我经历了这两种类型惯导的研制。近年来正在指导弟子们研发一种更新型的惯导，我们称之为旋转调制型捷联惯导，其好处是定位精度可大大提高，我们已经做出样机交付试用。

惯导是一项集数学、控制理论等基础科学和精密机械、电子、光学等工程科学为一体的高难技术。它对精密制造要求非常高。液浮陀螺的浮球被浸浮在浮液中，它的重心和浮心重合的稳定性要保持到 10^{-6} 厘米以上，须知液浮球内是高速旋转的转子，故任何产生的间隙和热变形都会严重影响陀螺的精度。

再举激光陀螺的例子。激光陀螺的反射镜要磨得非常平，平到大概几个“埃”（1 埃是 10^{-10} 米），上面还要镀 20 层膜，以保证 99.999% 的光线的入射角等于反射角，远比用于光学仪器的抛光技术和镀膜技术要高几个量级。

除了机械加工外，对材料器件的要求也是极高的，例如前面讲过的挠性器件的接头材料，陀螺马达轴承及滑润剂材料、激光陀螺腔体的微晶玻璃材料（膨胀系数几乎为 0）都是很难解决的。当然与这些惯性器件配套的电子技术以及系统级对误差的辨识与标定技术也有非常高的要求，不仅需要有一批高精密的设备，还要求有极高的测试技术并耗费大量时间。正因为如此，美国在对我国的航空高技术出口中，对航空发动机、机载雷达和惯导是控制最严格的。

1989 年“六四”风波期间，一度连民用波音飞机的惯导维修都成了问题，当时担任民航局副局长的李钊曾希望我们能够帮助解决。

事情就是这样，你有了，他就给你。你没有，他就为难你。从这几件事就可以看出惯导的难度和它的重要性。现在都说高技术是花钱买不到的技术，惯导就是一个例子，这就给在这一领域工作的科研人员提出了更高的要求。尽管我们希望尽可能借鉴外国的经验以减少风险、争取时间，但我们往往不得不在很大程度上依靠自己的努力。

仔细解读冯培德的介绍，会给人们一种联想，当飞机在漫无边际的空中飞行时，出于隐蔽性要求，飞行员在不能与外界有任何联系，也不允许有任何参照物提供帮助的情况下，要想知道自己处于何处，如何飞向目标，最有效的一种导航手段就是惯性导航系统。如今惯性导航系统已成为现代运载器包括飞机、导弹及航天器、舰艇、地面战车不可或缺的一项关键设备，这不仅是由于其自主导航能力，也由于它为火控系统、雷达探测系统及着陆系统提供支撑。

冯培德选择的这项事业决定了他的前进道路将是坎坷不平的。他们必须追求精密、精确、精益求精，在任何一个环节上的任何一点疏忽，都可能导致前功尽弃、满盘皆输；他们必须具有不懈努力和顽强拼搏的意志，因为这项事业在与对手竞争中，没有终点，只有速度和水平；他们必须具有对崇高目标的专注执着，因为这项事业与国家的强盛、安全息息相关，而又不可能通过其他途径获取解决的方法，唯有自强，不容懈怠。

艰 难 起 步

在冯培德刚分配到618所的时候，惯性导航专业在中国尚处于起步阶段。

而在国际上，惯性导航已经有了令人瞩目的发展。1942年，德国在V-2火箭上首先应用了惯性导航原理；1954年，惯性导航系统在飞机上试飞成功；1958年，“魟鱼”号潜艇依靠惯性导航在北极冰下航行21天。不同类型的惯性导航系统开始用于远程导弹、核动力潜艇和远程战略飞机。到20世纪60年代，国外惯性导航系统作为飞机主导航设备已崭露头角。为及早跟上国外在惯性导航领域的前进步伐，作为618所前身的30所于1965年10月13日成立了陀螺导航研究室（五室）。

建室初期，设置有垂直陀螺、速率陀螺、航向陀螺及动压气浮马达三个专业组，主要开展为621自动驾驶仪研究项目配套的陀螺传感器、为“09”工程研究项目配套的气体动压轴承磁滞马达等任务。后来技术人员跟踪国际惯性导航发展形势开始酝酿开发惯性导航系统。

王纪僚，618所原党委书记，他在回忆中讲到：

“在当时，要不要上惯导，还有争论。一种意见是尚不具备条件，专机有需要的话，买两套装上就行了；而多数人认为惯导是未来发展的方向，应该搞。最后决定了还是要搞。我们第一套惯导代号为‘523’，就是因为是1967年5月23日成立项目组的。这一天也是毛泽东发表延安文艺座谈会讲话的纪念日。”

说起来也有趣，1967年5月23日成立的这个课题组的任务是对当时收集到的美机残骸进行分析。通过战争中对方损毁的武器来分析对手科学技术发展状况，这是有战争以来公开的秘密。有些大国总是喜欢干预他国内政导致世界上局部战争不断，这也给中国人提供了获取这些国家武器技术的机会。当时618所的刘长勇等同志到了越南，在战火纷飞的环境里，从美国飞机残骸中收集到了LN-3惯导的一批残骸，有关领导机关决定以618所的科技人员为主，再加上来自全国从事航天、航海装备研制的院所以及北航、南航等高校的专业人员共同组织“会战”，只用一年左右时间居然把这堆“破烂”整合成为一套系统，能够通电工作，变成了“宝贝”，为618所乃至国内同行从事惯导研制提供了重要参考，也体现了大会战的威力，至今很多老同志还难忘这段经历。冯培德于

1967 年底分配到 618 所后也参与了这项工作。美国政府老爱提知识产权问题，但又老是充当“运输大队长”，既然送来了“礼”，我们又怎能不接收呢？

618 所正式开始我国机载惯导的研制是在 1969 年。经过近 10 年的艰苦努力，618 所终于研制出了我国第一套机载惯导——523 惯导。这是我国机载惯导研制工作的一个重要里程碑，618 所因此成为中国航空惯导的摇篮。

冯培德生逢其时，刚毕业的他站在了中国航空惯性导航技术研究的起始点。

回首往事时，冯培德感慨地说：

“我国航空惯导起步比美国晚二十几年，经过 40 多年的努力，现在的差距从总体上来看还是二十几年，被称为‘等距离赶超’。美国军方对后来者的紧跟十分不放心，我们对差距没减少也很不甘心。几十年来我们在追赶，人家也没闲着，由于种种原因差距依旧。从 20 世纪末开始我们进步的速度明显加快，相信再经过两三代人的努力，我们的目标一定能实现，到时候希望我们的后辈‘家祭勿忘告乃翁’，我们这些先行者在九泉之下也当含笑了。”

向实践学习

完成了北京大学数学力学系学习和南航研究生学业的冯培德开始了自己人生旅途的新征程。到所后，主管技术的领导张守恒同志很快就专门接见了冯培德等几位研究生，向他们介绍了所里的基本情况以及残骸分析这项工作的意义，讲到机遇难得，意义重大，要全力以赴做好这件事情。张守恒同志的话对这些刚分来的青年人来说，是一个很大的鼓舞，也给了他们希望和信心。

张守恒，1926年1月出生，江苏无锡人，1947年毕业于上海大同大学电机工程系。1948年进入上海中国航空公司任机械员，参加了“两航起义”。他是我国航空仪器仪表事业的前辈，曾担任仪表及综合显示研究室、电机电器研究室和陀螺导航研究室主任，所科学技术委员会副主任、主任，副总工程师，技术副所长。1981年，第三机械工业部任命他担任了618所所长。

当时所里像张守恒这样的“老同志”不多，但已经聚集了一批志同道合、聪明过人的年轻人。40多年以后，冯培德在回忆中表现出了对这个团队的深厚感情：

“我们当时一起工作的同志更像是朋友。我本身是搞系统的，对元器件并不熟悉，要想搞好系统集成必须与做器件和电子的同志紧密结合、互相学习、互相理解，而不能把系统精度达不到的原因都推到元器件上去。这个问题在其他单位（包括国外的研究所）都有表现。

20世纪70年代，我需要深入去研究液浮陀螺的一些问题，就去找王中俊、陶国勋等同志，他们在陀螺和马达设计方面的技术水平非常高。在评估陀螺性能时就要找负责陀螺试验的于鸿军和乐俊海（她后来担任了所里的总会计师）。我经常和他们讨论问题，并参与他们的试验。还有陀螺内部的力矩器、信号传感器也很有学问。例如，力矩器看起来就是线圈、磁铁等，但要把电流与力矩的关系测准确需要高精度天平，相当麻烦。后来我们选用了调宽控制方案，只要恒流源的精度够就可以了，调宽度由计算机控制能足够精确，这就避免了陀螺施矩受力矩器非线性特性的影响。在参加信号传感器试验时，他们说，零位处非线性很大，本来是一根直线，到零位的时候平了。我说零位附近线性度应最好，出现的现象是正交分量所引起的，系统中用正交割除的办法就可以解决。通过这些经历我深深体会到大家的交流是多么必要。

惯导中另外一个关键器件是加速度计。遇到这方面问题我经常向钟大明（后来调232厂）、严伟（后来调南京）、张永明（后来调四川）等同志请教。这是在加速度计方面我的三个很重要的朋友，他们都是清华大学毕业的，我们一起研究了很多怎么改进加速度计的问题。如液浮加速度计，开始是参考国外资料设计的，在实验室时发现里面有液体环流，后来经大家讨论在结构上开了一个小孔，就解决了环流力矩的影响。

我们这个团队很有意思，当时我给加速度计主管严伟下指标，严伟给负责表头的钟大明下指标，因为开始没经验，提的指标往往偏严，有时钟大明曾用达不到指标要求的零件装表交严伟，看他在做试验时能对性能有多大影响，严伟也曾拿一些没完全达到指标的加速度计给我，看是否对系统性能有明显影响。值得一提的是，所有这些讨论大部分都是晚饭后在‘单身小二楼’上讨论决定的。液浮陀螺浮球的圆度要求也是个例子，究竟该提1μ、3μ还是5μ，对设计员只是一个标注，对加工者来说难度就大不一样。有些指标单靠误差分析和理论计算是很难确定的，最终还得靠试验验证来确定。不管怎么说，系统和元器件工程师间、设计人员与加工装配检验人员间的交流和理解是特别重要的。

后来研发第二代惯导、挠性陀螺和加速度计方面的问题时，我就向奚卫国、孙瑞全和范正翥等同志讨教，平台方面就找韩世永、宏育泰、杨悌声，电子和计算机方面要靠雷忠德、郑志涛、张保京、王若梅、陈福君等同志。当然系统组中最亲密的战友就是王军锋、喻中贵、夏有生、糜秀娣、蔡文华等同志，这些同志有才气、能拼命，都是航空惯导最初创业的一批骨干人物。

遗憾的是，其中一些人因为各种原因后来陆续调离了618所，但航空工业是不会忘记他们所做的贡献的。我后来因航空惯导研制的成绩得到了诸多荣誉，还当选为院士，应该说是作为这样一个团队的代表，我更不该忘记他们对我的帮助与支持。”

冯培德有过人的聪明，也有一种在所有事情上都不甘为人后的禀赋。他曾称自己既虚心又“狂妄”，他虚心地向同事请教，但不盲从。这样的团队，给了他一个竞争的环境，他迎接着一个又一个挑战，也在发起一个又一个挑战。

在有才华的技术人员当中，互相之间不服气的情况是常见的。有人把这种情形与三国时期的曹丕在《典论·论文》写到的“文人相轻”相提并论，认为这是“自古而然”的坏习气。冯培德的这些同事和朋友们也有不少“牛”人，别人认为冯培德也比较“牛”，但这些“牛”人却最终能在一起精诚共事。主要是大家都有一个共同目标，才能你“牛”的时候我就不“牛”；另外就是大家都要服从真理，让试验数据说话，才能形成一个有活力的团队。

尽管冯培德有研究生的高学历，有扎实的数学理论基础和工程技术方面的基本历练，但在参加工作后还存在一个向实践学习的问题，冯培德谈了下面的体会或许对青年同志有所启发：

“惯导是一个机电、光学、计算机等多学科高度综合的专业。一个人要全面掌握这方面所需的知识，不能只靠学校学的那点东西，必须学会在实践中学习。这个过程就看你思想重视不重视、方法对头不对头。

举个例子，我开始对电路不熟悉，就自己动手搭试验电路板，从交流放大器和解调器开始，接着搭了一块直流运算放大器，对共模抑制比、零位的温度漂移等也有了一些实际体会。这可以在讨论问题时对人家的难处多些理解和体谅，少说些外行话。以前学焦裕禄的时候有个口号——‘吃别人嚼过的馍没味道’，这句话的意思是说，无论做什么事情，一定要亲自实践，掌握第一手资料，而不是只听人家说。特别当你到了一定的技术领导岗位的时候，只听别人说，自己心里无数，有时可能‘上当、受骗’，决策的时候就会出现瞎指挥。”

冯培德在主持系统设计试验的过程中还特别重视测试设备的研制工作。

1978 年，“文化大革命”以后的第一次技术职称评定中，冯培德的申报表上填写的是“从技术员提为助理工程师”，但后来在所党委正式的批准栏中，“助理”二字被划掉了，冯培德被破格提为工程师。

在这份档案资料上，冯培德总结道：

“近年来从事惯导的系统方案设计、误差分配和系统调试方面的工作，从实际出发提出了切实可行的系统对准和标定方案。在试验研究方面负责数字式光电测角仪、双轴精密转台、数控倾斜台等设备的研制协调工作，并与同志们一道解决了系统总体参数测定和性能测试的问题，达到国内先进水平。”

冯培德在 20 世纪 70 年代前期主抓了三项测试设备的研制，其中双轴精密转台、数控倾斜台是委托 303 所研制的。双轴精密转台是惯导及器件测试中的最基本设备，70 年代初 618 所用的是瑞士 OMT 的双轴转台。数控倾斜台本质上是一种单轴卧式数控转台或称数字分度头，它是加速度试验的一项主要设备，早先 618 所用的是手动机械分度头。冯培德认为当时为 618 所研发陀螺试验用的伺服转台的 303 所完全具备能力研发这两台设备，就正式提出了研制任务，但当时没有“技改经费”的渠道，要逐项申请，他便咨询

303 所杨元凯主任和计划部门领导周家琪同志。他们建议冯培德去六院找主管领导谈。

冯培德当时出差住在北京南苑的 303 所，而六院在北苑。他一早出发赶到北苑已经 10 点多，会谈的结果不错。六院机关又推荐他向三机部的业务主管汇报，他就第一次走进了坐落在交道口的那座大屋顶的“衙门”，接待他的是杨光中工程师。

杨光中是西南交大毕业的工程师，当时在三局主管仪表，后来也管惯导，因为在部里大力推动惯导的研制被一些同志戏称为“杨惯导”，而冯培德在担任所领导后，也因同样原因被称为“冯惯导”。当时正是由于这两台设备的研制促成了“杨惯导”与“冯惯导”的第一次见面。后来一个在机关，一个在基层合作了二十几年，不仅努力推动了航空惯导的研制，也成了“桥友”。冯培德来北京办事总要向杨光中（后来已升任局领导）报到，并去汪芝麻胡同的招待所打一次桥牌，当时杨光中下班就骑车过来，边吃干粮边打牌，直到九点半后骑车回家。他经常还要邀一个搭档来，而冯培德的搭档经常是 618 所的王军锋、曲一兵等。

一段小插曲后继续说测试设备的研制历程。在 303 所和三机部六院的支持下，冯培德为 618 所的第一次“出击”就取得了两台设备的研制成功。值得一提的是，当时要研制的数控倾斜台有一个特殊要求，就是对阶跃响应无超调，这是根据做试验时的实际体会提出的，因为转台的间隙会影响加速度计的测量精度。

冯培德和 303 所打交道过程中发现该所的科技人员喜欢上高精尖产品，他们感到指标提得越高，越有奔头。而冯培德经过仔细论证后认为指标只要满足需求就行，他有一次专门谈到这个问题：

“要想把惯导搞上去，没有好的测试设备是不行的，但也不能杀鸡用宰牛刀，试验台的综合程度不能越提越高，技术指标不能越提越严，否则研制难度加大、研制周期拖长、研制经费提高，没有好处。”

20世纪90年代，618所进入小批量生产阶段，前后购买了几十台双轴精密转台、速率台等，就是按照冯培德的这种指导思想去办理的，节约了大量经费。而他认真研究需求的这种精神，后来也贯穿到了系列惯导的研制实践中。

以后，冯培德又向303所提出研制带温控箱的三轴数控转台，该设备拟用于捷联惯导的标定和调试，精度要求高、难度大，当时国外价格高且不好买。冯培德在委托303所研制惯导测试设备过程中交了不少朋友，如杨元凯、李士令、马智周、毛书月等同志，从他们那里学到了不少东西，特别是关于光栅、感应同步器这些测角传感器的知识。而303所的同志们也认为618所在牵引惯导测试设备的发展中发挥了十分重要的作用，冯培德对测试设备功能和指标的论证是所有用户中最明白的。冯培德曾深有感触地说：

“我们既然希望惯导的用户能立足国内研制，那我们采购测试设备时也应首先立足国内，凡是经过努力能满足要求的，我们就应积极支持国内研制，总体来看我们这样的牵引方针得到了双赢的结果。”

除了测试设备的委托研制外，618所还组织了自行研制。当时618所有个老八室，是专门负责专用设备研制的，主任曹东、副主任陆光明的手下有一批能人，如王小培、竹仲鹏、诸葛豪、宋明仁等，他们研制的电动和液压飞行模拟台都很成功。1971年，冯培德向他们提出研制惯导试验用的光电测角仪，他们成立了由王小培、糜秀娣、孙定组成的课题组，王小培负责总体、糜秀娣负责系统、孙定负责电路。

参加研制光电测角仪的糜秀娣同志是江苏无锡人，哈尔滨工程学院毕业。她在完成测角仪研制后调到惯导组，后来成为冯培德在系统设计和试验的主要骨干，她在回忆测角仪研制时说：

“我印象很深的是研制光电测角仪。惯导要做极小角度的测试，应该怎么测试，我们当时提出的办法是在陀螺平台上加一个光学大镜子，在七八米以外放置一个屏幕，光线在屏幕上汇聚为一个点，陀螺自身角度一有变化，光点就动。跟踪监测这个光点的运动，相对就比较容易，相当于把这个角度放大了。然后通过光点的位移反算出陀螺变化的角度，这就是光电测量的思想。开始用的是普通光源，后来改成激光。这是我们的一个创造。”

冯培德在回忆光电测角仪研制的过程时说：

“这个光学测试的方法最早是航天的7171厂使用过的。我们将其改进提高，在系统试验时测系统级的陀螺漂移和陀螺比例系数。

当时王小培、孙定和我曾一起去7171厂调研。只知道这个厂在宝成线上一个小站红花铺的西南方向，我们就买了车票，到红花铺下了车，那里几乎看不到一点火车站应该有的设施，基本上就是临时上下车的地方。到了红花铺一打听，说我们要去的地方，三天有一辆长途汽车，我们到的前一天已过去了一班。我们一想，在这个地方待两天等车不行，三个人一商量，就在路边拦了一辆拉沙子的车。司机应允我们坐在车厢敞开的沙堆上，车子沿着山路蜿蜒盘旋前进，四下里看不见人家。走了两个多钟头以后，我们看到一片房子，心中猜想是否到了目的地，我就敲敲车顶问司机，司机说，我也不知道你们要到哪儿去，你想走就接着坐，想下就下。我们果断下车，到那儿一问，正好就是目的地。厂里的同志对我们说，不应该在红花铺下车，要在凤县下车，那里有工厂设的招待所，从那边走就方便多了。后来才知道这就是曾任国家国防科工委主任的丁衡高上将曾工作过的单位。这个厂后来因发大水被冲了，单位迁址搬到了西安。

从7171厂回来后，王小培等同志很快就立足于用双笔记录仪研制成功一套光电测角仪，但我们觉得该测角仪的光电跟踪范围小（双笔记录仪大体上是500×400），测量精度和分辨率明显不够，因此就商议，改用激光光管和寻找更大跟踪范围的记录仪。后来王小培同志发现哈尔滨的龙江仪表厂生产大型双笔记录仪，其跟踪范围大，与52英寸[①]的彩电屏幕差不多，他先去看了，感到很理想但买不到现货，就打电话给我，叫我去时从天津带上10斤猪肉。我们随即决定北上，同行的还有一位女钳工师傅王淑贤。我第一次到哈尔滨，那地方真冷，零下20多摄氏度。他们先去的人到车站接我，等了半个多小时，眉毛、胡子上全结的是白霜。到工厂后才知道，厂里有一台现货，但因原订货单位迟迟不办理验收，工厂就想卖给618所。后来听说这个单位的同志想请求当地军管会阻拦我们买走这台设备，于是我们说服工厂当晚签约办理付款手续，立即装箱，将货箱运至627所，在那里改换包装运回户县。这是我们几个书生干的一件“胆大包天”的事。回来后，课题组用不到一年时间研制成功了高精度测角仪，使系统级陀螺比例系数测量精度达到1/10000的水平，居国内领先，该项目是618所1978年全国科学大会上4个独立完成的获奖项目之一。光电测角仪在惯导研制阶段发挥了重要作用，但该设备要在惯性平台上安装一个工艺反射镜，对批量生产不便，带着这个问题我在国外考察时发现国外用的是同位器电桥和相位电压表的方法，使测角分辨率达到1～2角秒。在国外考察回来后，我马上向张守恒所长报告并迅速将洋人的思路移植到了618所。”

① 1英寸=2.54厘米。

还有一次冯培德去襄樊（现在的襄阳）610所出差，也显示出了他性格的坚毅和执着。他回忆那一段经历时说：

“当时610所正在起步高速滑轨项目，其主要功能是试验飞机座椅的弹射性能，高速滑车在轨上试验时的速度要比现在的高铁还快，因此对滑轨的要求特别高。根据美国在霍洛曼基地的经验，此滑轨还可做弹用惯导测试，因此610所发函618所，要求一起参加系统方案论证会。当时段钟良室主任把这项任务交给我，经过两三天查阅资料，心里大体有个数就准备出发了。听说我去襄樊，室里有同志委托我到武汉一家工厂处理点事。事情办完后，再从武汉乘火车去襄樊。早晨4点左右到襄樊，天没亮，也没公交车，怎么到单位去？问了以后，人家说从车站到城里没多远，十几里路。我一想，干脆就走着去城里吧。走到6点钟，天也大亮了，到了襄樊。接着打听，到157号信箱怎么走？问来问去，谁也不知道。没有办法，只能找邮局。邮局7点半开门。我就找了地方吃完早饭，等邮局上班，进去询问。邮局的同志说，你算是找对地方了，隔壁就是157号信箱驻襄樊的办事处。然后，由办事处的同志安排，把我拉到610所去参加方案论证会。

2005年重访610所时，年轻的总师向我介绍滑轨的建设历程，那时徐总已退休，原副所长马金华同志参加接待（他是从618所调过去的，那时也已退居二线），他告诉年轻干部说：冯院士30年前就来参加过滑轨论证。”

正是在一次次这样的任务中，冯培德逐步形成了一种能力，就是对任何一项自己从没接触过的工作，他能在很短的时间里熟悉、掌握，迅速扩大知识领域，这种不惧怕进入新领域的精神是一个科技带头人必须具备的。冯培德正是在承担这些不寻常的工作任务的过程中积微成著、集腋成裘，逐步锻炼和提高了自己的学习与工作能力。

对事业的执着追求

1976年7月28日3点42分，地处河北的唐山发生里氏7.8级地震。震中烈度达11度，震源深度12千米，城市基本夷为平地。天津遭受的破坏也很严重。

当时冯培德所在专业组的党小组长糜秀娣回忆说：

“唐山地震时期，工作也很紧张。我们都知道天津受到很大影响，多次劝他回天津看望一下父母。但他都没有回去，还是在加班加点地干活。”

自古忠孝不能两全，事后当冯培德回忆起这段难忘的经历时，仍然难以掩饰对父母的歉疚，他深情地回忆道：

“当我得知天津受到很大影响时，心里也非常着急，非常牵挂他们。但由于手头工作特别紧张，加之我妹妹在父母身边，能够照顾一下，因此就希望以后再找个机会回去看看。”

那一年陕西地区也有震情预报，一时人心惶惶，但冯培德他们正处在惯导试验最紧张的时刻，他回忆当时的情景说到：

“一天晚上，大约七八点钟，我们还在实验室里做试验，党支部书记杜世杰打电话来，说有地震预报，你们赶快停下来。接到电话后，我们停止了工作，就回到宿舍去了。10点多钟，杜世杰又来到我们的小二楼的男单身宿舍，他说党委刚开过会，他最担心小二楼不安全，要求大家搬出宿舍，到实验室的一层平房处安顿。我们就都拿着凉席，进驻实验室，并在走廊里安歇。那天并未发生有感地震。第二天，地震警报并未解除，我们觉得躲也是躲在实验室里，不如就继续做试验吧！上午10点多钟，军宣队政委走到我们这里一看，惊叹道：'你们还在工作啊，我得向你们学习，我得感谢你们！'他这么一段话让大家很受鼓舞，越干越来劲。所以说，当一个人真正融入到事业中去的时候，他就不需要别人怎么要求他，他自己就会去做好这个事情。我觉得政治责任感固然重要，对所从事的工作的兴趣与追求也很重要，当把这两件事结合起来时才感到一切都很自然，工作不是谋生的手段，加班不是被逼无奈，而是因为这是自己发自内心想做的事情。"

心理学家们认为，兴趣是指积极探究某种事物或从事某种活动的过程中，伴随着一定的情感体验的心理倾向。被誉为20世纪最伟大科学家的爱因斯坦曾经说过，与责任相比，兴趣是更好的老师。真正有价值的东西不是出自雄心壮志或单纯的责任感，而是出自对人和对客观事物的热爱和专心。

心理学家认为，"兴趣爱好是学生学习的先决条件"，是推动学生探求知识、获取能力的一种动力，也是人们从事某种活动的原动力，能对人们所从事的活动起到支持、推动和促进的作用。人们只有具备了对所从事活动的兴趣和爱好，才有学习的毅力和意志，才能深切感知、思考、意会，并进而创造。

冯培德对事业的执着还表现在对待家庭的问题上。20世纪70年代初，冯培德曾经经历过一次不成功的婚姻。由于对方乡土情结很深，虽经618所基层领导多方做工作，她仍不愿离开故土，而618所又不愿意让冯培德调走，长期纠结后，冯培德在无奈之下只好选择分手。冯培德更看重他所热爱的工作。

“塞翁失马，焉知非福”。1984 年，冯培德重建了一个温馨、稳定的家庭，配偶刘邑平出身革命干部家庭，父母都在 618 所工作，她本身是一位上进心很强的科技人员，从事电子线路设计工作，后来被评为高级工程师。刘邑平选择了拼命工作的冯培德，也就只好承担起家中“领导”的重担。冯培德对她给予了高度评价，他认为自己对惯导事业做出的贡献，对 618 所做出的贡献，没有刘邑平默默无闻的奉献，是办不到的。

冯培德与夫人刘邑平

冯培德婚后就要求刘邑平努力做好本职工作，不要“管闲事”，刘邑平做到了。她为人谦和，穿戴朴素，从不“参政议政”，对此 618 所的广大干部职工都有同感。冯培德在评价刘邑平时说道：“若问此生有几件满意事，与刘邑平‘共建’家庭也是其中重要的一件。”

不过，刘邑平多年来心里总是为他有些担心，尽管她对冯培德有着充分的了解，知道冯培德是个好人，但脾气太急，言语伤人的事太多，她曾担心地对冯培德说：“等你退下来就够呛，人家会不理你。”但使她没想到的是，当冯培德真的退下来后，618 所的同志们无论是在西安还是在北京见面时，依然是那么亲热，让她感到十分的温暖。后来冯培德对刘邑平说：“你小看了 618 所人，他们容忍和正确评价了一个有‘毛病’的好人。”

父子情深：冯培德与儿子冯亮

随便说一句，上面照片中的这位少年现已长大成人，于北航毕业后进入通用航空领域工作，成为新一代航空人，已小有所为。他的爱人赵悦在中共中央编译局工作，不知他们的孩子会不会还是航空人？

第四章

艰苦创业

初始对准领域的开拓

冯培德到所后被分配到五室 504 组，组长是郭圣权，副组长是顾煜麟。

冯培德担任的是惯导初始对准课题主管，当时课题组成员有夏有生、王福庆，还有北航的赵同森老师、南航的沈正华老师。从那时起到现在已经超过 40 年了，已成院士的他还在带学生做初始对准方面的题目，这份对事业的执着和技术的深入不能不让人感叹。

惯导的基本工作原理是根据所测得的加速度，经过积分运算求得速度与位置，这个积分是需要确定坐标系的。因此在系统进入导航工作状态前，必须将平台“调平”和“找北”，这个过程就是惯导的初始对准。初始对准的精度直接关系到惯导的工作精度，初始对准所需要的时间成了惯导的重要战术技术指标，初始对准是惯导最重要的关键技术之一。

在 618 所所史中，对冯培德所从事的初始对准工作有这样的记载：

初始对准是系统转入导航状态前自动、自主地将平台调至理想姿态，从而建立测量基准。初始对准的进一步任务是对陀螺、加速度计进行标定和补偿。平台的不对准角和水平陀螺标定误差是影响导航精度的重要因素，因此，对准和标定的精度对系统影响很大。另一方面，对准和标定的有效性也是对整个惯导是否正常工作的一次综合检查，具有十分重要的意义。

对于这样一项重要的工作，冯培德曾经探讨了闭路、半开路和纯开路三种方案进行比较试验研究。最后他决定采用一种在当时很多人认为是反常规的技术思路——纯开路对准技术。他回忆说：

“我们在20世纪70年代做的开路法对准，当时在国内还没有人用这种方法。

惯导技术负责人张守恒同志也有点不放心，他对我说，自动控制都是闭环，你却做一套开环，这种途径行不行？一定要谨慎。我心中有数，仿真表明这种方法能有效应付陀螺、加速度计滞环影响，能有效发挥数字计算机数据处理能力，肯定比常用的闭路‘罗经法’对准优越，试验也证实了我们的想法。于是我们确定使用这种方案。现在看来当时所谓的开路法实质上就是把传统的控制问题转化为参数估计问题，建模变得十分重要，再加上充分发挥计算机的信息处理能力，能明显提高对准精度，缩短准备时间。

到1993年，我们终于在杂志上看到了美国利顿公司的LN－39惯导（F－16飞机惯导）也采用的是这个办法。而俄罗斯人到90年代还用的是传统办法，可见我国航空惯导刚起步不久就在初始对准这一领域达到了国际先进水平。

为了解决陀螺逐次启动漂移的问题，70年代前期我们又在国内率先提出了双位置对准方法，即东向陀螺先置于指北位置自动测漂，再转向指东位置进行对准，双位置对准增加了系统准备时间。后来我们又提出了‘交替’对准方案，即把双位置对准的思想在接连两次系统启动和对准中实现，这样一来，尽管每次对准都是‘单位置’对准，但对两个水平陀螺中的任何一个来说，这次指北测漂，下一次就指东用于对准，这就有效地抑制了陀螺逐次漂移长期趋势性变化的影响又不增加对准时间。”

糜秀娣回忆当年冯培德在初始对准方面所做的工作时，言谈中透出一种敬佩。她说：

“他这个人钻研起技术来是非常刻苦的。初始对准是采用开路对准还是闭路对准，当时是有不同意见的。他坚持搞开路对准，下的功夫很多，采用最小二乘法实现对准的基本算法都是他亲自推导的，做一轮试验就进行一次优化，不断精益求精。”

上面讲的都是20世纪70年代的事，其实冯培德继续在惯导初始对准这个舞台上唱戏一直延续至今。他简述了这段历程：

“为了满足作战飞机应急起飞的要求，我们在对准模式中首先增加了所谓存储对准模式，实现了与国际接轨。这种模式要求飞机返场后做一次对准，并将结果保存，以备下次起飞时使用，此后飞机不能再移动。这种方法本质上是把起飞前的对准移到返场后进行，从技术上来说没有问题，但飞行员在完成任务后还不能马上下飞机，心理上不舒服，他们在停机前若不进行对准而直接将姿态航向存储，又会影响精度。为了解决这个问题我们研发了跑道对准模式，惯导通电后2分钟左右即可转导航。利用跑道航向进行快速对准是受了俄罗斯同行的启发，然而当飞机处于跑道端部时，其纵轴未必与跑道中心线平行，因此简单地把跑道航向当成飞机航向输入是不行的，为此我们开发了一种独特的算法，可利用飞机在跑道上滑行时惯导所获取的数据作为测量进行航向误差估算，可大大改善跑道对准的精度，很受用户欢迎。据我所知，各国至今对这项技术都没有公开报道，因此也无法做对比。

卫星导航出现后，我就请糜秀娣同志设计了组合导航状态下的空中对准模式，也能有效缩短准备时间。

90年代我指导博士生陈璞研究传递对准，解决的是机载导弹上惯导在机载惯导信息支持下的对准问题。

近年来我又分别指导了西工大的博士生徐世会和北航的博士生李魁开展了运动基座和摇摆基座条件下的惯导初始对准研究，在这两种情况下，由于扰动的影响增加了对准的难度，但海上试验的数据表明结果都令人满意。”

从上述回顾中我们不难看出冯培德 40 年来一直在该领域孜孜不倦地工作，不断地提出新问题和解决新问题，他是这个领域当之无愧的专家，始终站在最前沿，未雨绸缪、积极谋划、刻苦攻关，不断从一个高峰攀向另一个高峰，取得成果后也享受着“一览众山小”的喜悦。

惯导原理样机的研制

618 所研制的我国第一代机载惯导——523 惯导是一个复杂的导航系统，从开始研制到完成试飞样机，系统、部件经过无数次会战攻关，先后解决了大量关键技术问题。1977 年 10 月，523 惯导完成了车载试验，对系统原理方案、精度和工作稳定性进行了考核。至此，完全具备了进入飞行试验的条件。1977 年 12 月—1978 年 1 月，523 惯导在北京良乡机场用安 - 24 飞机进行首次试飞，共飞行 8 架次，22.5 小时。试飞结果表明，该系统精度基本达到预期指标。1978 年 11 月—1979 年 1 月，523 惯导在南苑机场用伊尔 - 18 飞机进行了第二次试飞，共飞行 28 架次。这次试飞除对系统精度及可靠性进行了反复考核外，还对系统的功能与适应性进行了多项考核试验。

1979 年 12 月 29 日，北京南苑机场惯导产品试飞

1979 年 8 月，三机部三局组织了“523 惯性导航技术研究”成果鉴定。鉴定结论是：系统精度为 2 海里①/时（CEP），系统主要指标达到国内惯导研制的先进水平。

523 惯导是为水轰 5 飞机研制配套的，后来水轰 5 飞机下马了，523 惯导没有了服务对象，也随之下马。

在我国航空工业历史上较长的一段时间里，靠飞机型号任务牵引航空动力、航空机载设备的发展，型号下马，配套任务也就自动取消，对于从事该项目研制的技术人员来说，这无疑是一个巨大的遗憾。

在此之后，618 所又开展了为×××工程配套的惯导研究，代号为 543。该项目也由于工程项目的下马而中断，其部件转入为地面武器装备研制的惯导中。

吕东同志担任三机部部长后，决策层对于航空科研和制造工业的特点和客观规律已经有了更为深刻的认识。1978 年 7 月 20 日，吕部长在航空科学技术工作会议上发表了长篇报告，强调指出：“航空工业的基础研究、应用研究和预先研究是突出的薄弱环节，

① 1 海里 =1.853 千米。

应大力加强。”在这次大会上，讨论了《1978—1985年航空科学技术发展规划纲要》，这个规划是在徐昌裕副部长主持下，经过部内多方面专家几个月的认真讨论后编制出来的。

该规划纲要（试行草案）于当年9月下发，其中明确了8个关键技术研究项目和10个专业的199个重大研究课题。在这一规划纲要中，618所位置突出，“随控布局技术”（后称主动控制技术，即ACT）被列为8个关键研究项目之一，惯导被列为重大研究课题。三机部六院大事记中记载：1979年内，根据部院制订的规划，618所开始进行捷联惯导的预先研究工作。该系统的预研工作分为两个阶段。第一阶段先研制采用动力调谐陀螺的捷联姿态参考系统，同时进行激光陀螺原理样机的研制；第二阶段再进行捷联惯导的研制。

20世纪70年代末，618所开始了采用动力调谐陀螺的捷联姿态参考系统的研制工作。因为没有惯性平台隔离飞机角速度，陀螺要直接测量飞机角速度，使得陀螺的角速度测量范围高达10^7以上，而这种大力矩挠性陀螺要受陀螺力矩器和高精度恒流源的限制，很难实现，成为系统的最大拦路虎。于是冯培德建议装机对象首先瞄准直升机，正式开始了583惯导原理样机的研制。为了加快研制进度并减少风险，618所于20世纪80年代还与德国宇航院飞行制导研究所签署了合作协议，派出了诸葛豪、奚卫国、叶时品、张瑞雪等科技人员到德国工作和学习，后来宋明仁、程农、陆志东等同志也陆续加入了捷联惯导的研制团队，并成为骨干，在他们的不懈努力下取得了583惯导原理样机的研制成功。

对此，618所原惯导型号副总工程师程农有深刻的感悟：

“20世纪90年代初期，由于挠性捷联陀螺的测量范围尚不能满足战斗机的要求，于是冯所长做了一个重大决策，决定利用大力矩挠性捷联陀螺研制583系列捷联惯导，满足低成本、小型化、高可靠性、快速启动的要求，为导弹、无人机、直升机、教练机等多种型号进行配套。

记得1993年在惯导部年终总结大会上，冯所长当时的一段话至今令人记忆深刻：‘美国黑人领袖马丁·路德·金有一个著名的演讲《我有一个梦》，本人就借用一下这个题目，我冯某人也有一个梦，那就是我们618所的惯导年产量能上×××套。’正是因为这种追求梦想的执着和为事业而奋斗的坚定信念，感召和鼓舞了我们大家，并激励我们为这个梦想而坚持不懈地努力。现在回首，最终618所人做到了，只要我们坚持执着地追求，梦想就会成真。”

523惯导和583惯导原理样机的研制成功在我国机载惯导研制史上意义重大，523惯导是我国研制成功的首台机载平台惯导，对后续563、573惯导的型号研制打下了坚实的基础；而583惯导则是我国首台机载捷联惯导，为593捷联惯导的型号研制奠定了基础。它们的研制成功也为618所培养了平台与捷联惯导的两大技术团队，更重要的是在极端困难的条件下坚持了机载设备超前于型号的独立发展，为我国自行研制机载惯导蹚出了一条路子。

访问学者的生涯

1978年，以党的十一届三中全会为起点，中国发展的历史揭开了新的一页。改革开放的大潮涌动，国家经济建设需要科学技术的迅速发展，更需要充分调动知识分子的积极性。为此，中央采取了一系列行之有效的举措。为培养具有世界一流水平的科学技术专家、教育家、文学家和其他各种专家，在恢复高考的同时，恢复了各种专业技术职称的评聘和学位制，并选送了大批优秀人才出国留学深造。

1979 年，冯培德和所里 5 位技术人员一起在北京参加了英语考试，当时选拔访问学者有一个非常重要的标准是外语水平。冯培德参加工作后工作繁忙，英语水平明显下滑，口语更是缺少锻炼，只能临时抱佛脚，经过一周左右准备就去参加全国统一考试，那一次他和所里的宋翔贵顺利通过了英语考试。随后他接到了航空部派他到西工大进行 4 个月外语培训的通知，同时又接到教育部要求他到上海外国语学院学法语的通知，也许是当时科技人员中懂法语的人太少，加上他们发现冯培德访问过法国，就安排他去学法语。冯培德认为自己法语没有基础，学了以后有多大用也说不清，而眼下惯导研制工作又那么忙，因此他就放弃了学一年法语的机会，仅去西工大学了 4 个月英语。据冯培德讲在这批人中他的英语水平不算强，要是比现在 80 后许多学子（包括儿子）的口语能力更是差远了，但他几次模拟考试的成绩都名列前茅，周围同志和辅导老师都说他"擅长"考试，他自己心里明白英语水平与托福考试完全不是一码事，他只不过是很快就能总结出应对考试的窍门而已。看来冯培德在人生中的很多重要关口都能顺利通过并非偶然，他的判断和应变能力非常人所能及，常常是有七分本事能临时发挥成十分，而有些人却是十分本事也只能发挥出七分，这一增一减，出入就大了。对追求成功的后来人来说，这一点恐怕应该细细体会。当然，这 4 个月的英语"加油"对他后来的外事活动来说算是如虎添翼，他面对老外从不怯场。一次在所里接待日本外宾时，他居然能给随团日语翻译帮了一次小忙，使周围人大吃一惊，其实日本外宾谈及通货膨胀时用的是发音不很准确的外来语，把翻译给听懵了。

因为冯培德没有按教育部的通知去学法语，教育部也就没有按程序安排他及时出国，于是冯培德依旧在所里干他喜爱的惯导工作。

冯培德曾经在华中科技大学的一次演讲中讲到了这次出国的情况：

冯培德与堂姐、堂姐夫在诺克思维尔世博会

“我第一批出国考试通过了，但是后来安排我去上海外语学院学法语，我对这种语言并没有多大的兴趣，所以就没理会，只顾踏踏实实地做自己的工作。过了一年后，教育部发现第一批通过考试的人都走得差不多了，怎么还剩下一些没走的，经他们了解情况后决定将我改派英语国家。所以，不要把这些事情看得太重，其实不看重也不一定就轮不到自己。不论是做学问还是做人，如果能有顺其自然、泰然处之的心境，事情总能做得很成功。古人也说，淡泊以明志，宁静以致远！”

1981 年 8 月，冯培德作为访问学者被派往美国田纳西大学进修两年。

田纳西大学建校于 1794 年，位于田纳西州的诺克思维尔市（Knoxville），是一所具有 200 多年历史的美国公立大学。

冯培德之所以选择这所学校是由于那里有一位著名教授洪箴。

洪箴教授生在中国大陆，大学就读于台湾大学，毕业后赴美，获博士学位后长期在田纳西大学工作。他工作十分勤奋，业务领域很宽广，又是一个“论文高产”的教授，在国际自动控制领域享有很高的声望，是田纳西大学的 Establishment Professor（终身教授）。他对来自中国大陆的学者相当友好。冯培德了解洪箴教授是因为他写过一本有关捷联惯导的书。要在国外大学中找到一个本领域的同行不是件容易的事，当冯培德与洪箴教授联系时，洪箴欣然同意，于是很快就成行。在这个美国中南部清洁安静的中等城市，冯培德与来自世界各地的学者和研究生齐聚一堂，共同生活工作了两年，当时在该校的中国访问学者约 20 人。谈起在田纳西大学的往事，冯培德说：

“因为洪教授的很多学生在科研单位和产业部门工作，因此他的研究工作涉及面较宽，对其中一些不保密的课题也经常与我一起讨论，使我对美国怎么搞科研也有了一些了解。当然因为我有第一线的工作经验，这对他也有些帮助。

举个例子，对于陆地车导航问题的研究就体现了我们之间的互补。陆地车导航问题要做到精确，就要建立精确的地球数学模型，要考虑到重力方向是不同于参考椭球的法线方向，也不准确指向地心，使惯导的导航计算变得相当复杂。他和研发单位的博士们讨论过多次，意见不一，就来跟我讨论，我不便参加他们的讨论，就在幕后帮忙。

洪教授拿来一本厚厚的博士论文，我看了一下认为模型有错误。他们讨论后又重写了一份材料，我看过后觉得还有问题，这一次我规规矩矩地推了一下公式，仅一张半纸就说清楚了。他拿着这一张纸又去和那些博士们讨论，回来后说，你这一张纸解决问题了，他们全认了。他在那张纸上写了 Eloquent（雄辩）一词，从那以后他认为我有处理复杂系统的能力。

后来他又让我参与了另外一个题目，就是验证爱因斯坦的关于相对论的一些结论，想做一个零阻卫星。在零阻卫星上装上惯性传感器，陀螺的精度比我们现在用的高出大概7个量级，当然是在没有重力场和地磁场的影响，也没有温度变化的环境中运行，相对容易些。

美国做这件事做了50年，大概在三四年前做成了。当时我觉得这个题目离咱们太远，就没有太深入去做。现在看来美国在科学问题上真肯下功夫，下本钱。这件事使我开了眼界，不说特高精度的陀螺，就拿陀螺的信号传感器来说，分辨率达到 10^{-3} 角秒，这是我们不可想象的。”

这样的表述，难免会让人觉得在冯培德身上，似乎保留着中国知识分子的那种既虚心又自信的态度，尽管他们是去学习的，但也表现出一个中国学者的自尊和自信，在外国同行面前决不是一个弱者的形象。冯培德说：

“洪箴从一开始就对我很客气，但他的手下一开始对‘共产党中国’来的人却不见得看得起。有一位美国博士和我一块儿去参加学术会议，大家一起聊天。他问我，你知道美国最著名的作家是谁？他提这些问题就是想看你中国人对外面的世界是了解还是不了解，相处时间一长他们不论在学术上还是在知识上就服了。我知道海明威和他的小说，他们不见得知道鲁迅、郭沫若，更不用说李白、杜甫了，对美国人的傲慢一定要用事实去教育他们。近来一些外国评论把改革开放后的中国称为‘暴发户’，其实从历史的长河上看只有200多年历史的美国才真的是‘暴发户’。

尽管这些普通的美国人不一定把冯培德当回事，但是他们的主管部门则不然。我到美国后不久，洪箴教授就通知我有一位美国工程师想和我交朋友，此人在惯导领域工作，是一个单位的副总师，曾在香港待过。他希望通过交往改善他的中文，也帮助我改进英文，我说可以。后来每两三个月和我见一次面，他关心我在美国做的事，有时也谈一些‘民主’之类的话题，还说过帮我换学校甚至找工作之类的话，我发现他连喝杯饮料也要开发票，显然是需要回去报销用，这位‘老兄’恐怕是有些来头的，我就向使馆有关同志通报了此事。使馆说美国方面在中国留学生中圈定了一些人，要‘人盯人’，你大概在其中，不过我们都是光明正大的，躲也躲不过去，可以交往。有一个周末，他又从千里之外飞到诺市，住在我住所附近的旅馆，我索性让他帮我改论文，总比胡扯强。直到晚上 11 点多，我同屋的同志打来电话，他惊讶地说：‘你到我这里来，他们也知道?’我说我们在国外一个人出去一般都要告知朋友，以防不测。从此之后，他只再来过一次就结束了‘交朋友’。”

留学期间欢度国庆

1983 年，冯培德在美国完成研究工作后，也有人向他谈起如果留在美国参加一个项目，年薪可达几万美元。对此，他一点没有犹豫，因为他十分清楚，没有党和国家的培养，就没有他的今天，他的知识和技能既不应单纯作为谋生的手段，也不能作为向党讨价还价的本钱，他和许多留学人员一样，按期载誉回国。

在冯培德即将结束在田纳西大学学习研究工作的时候，洪箴教授写给618所张守恒所长一封信。译文如下：

618所所长

张守恒先生：

贵所冯培德先生已在此完成了两年访问学者任务。在此期间，他的主要工作是集中于惯性导航技术的研究和发展，特别是捷联惯性测量装置（IMU）、里程表/惯性地面导航仪、合作识别技术以及计算机模拟。

冯先生提出了一个里程表/捷联惯性地面导航仪的数学模型，并从系统和物理特征出发研究了模型的可观测性问题。利用上述模型及卡尔曼滤波技术可对里程表和IMU两者的参数不确定性进行相关识别，构建高精度地面导航仪。该系统具有如下显著特点：（1）无须周期性停车校准；（2）可在运行中进行陀螺罗经对准，通过计算机模拟验证了系统性能，其结果是令人鼓舞的。我相信在这项研究中的发现和所积累的经验对地面导航仪的软/硬件设计会极为有用。冯先生已将结果写成研究报告，两篇论文均在专业会议上发表。

冯先生在进行多项随机动态系统研究中广泛地应用了卡尔曼滤波和数字模拟技术，通晓这些技术导致他工作的成功。

除了上述提出的项目外，冯先生还参与了NASA GPB，NASA PO试验的陀螺罗经对准等项目，鉴于这些项目的研制都需要10多年的研究发展时间，因此目前尚未给出可做结论性的成果。

在与冯先生两年的共同工作期间，我发现他是一个具有明显业务特长的人。首先，他具有坚实的数学物理基础，概念特别清楚。其次，他在解决实际问题时很有创造性，这一点可以由他经常提出新想法来证实。第三，他具有广博的技术知识，这是有效处理复杂系统的一个十分重要的因素。第四，他具有解决实际问题的独特的技巧。最后，就是他在掌握新知识、新的工作方式（意即使用英语）方面表现出特殊能力。根据我的判断，他在这两年中取得了令人印象深刻的成就，他的到来对我以及我在惯性导航领域的研究工作极为有益。我要祝贺你们单位，有这样一位聪明且有经验的成员。他对中国来说，或者对于您的研究所来说，确实是一位宝贵的人。

冯先生很受这里的教职员和研究生们的欢迎，我们都很高兴与他一起工作。我希望他在此的两年工作仅仅是我们两个单位间文化交流的一个开始，如果您需要我进一步帮忙，请告诉我。

美国田纳西大学教授

洪　箴

在信中，洪箴教授毫不掩饰对冯培德的欣赏、赞许。从信中提及冯培德研究的成果看，显然不能把这封信看做仅仅是出于礼节或例行公事。

冯培德的留学生活

1991 年 9 月 10 日，冯培德获得了又一份荣誉证书，盖着中华人民共和国航空航天工业部大红印章的证书上写着：

冯培德同志留学回国后为祖国航空工业做出了突出贡献，被评为“有突出贡献的回国留学人员”，特此表彰。

1995 年，陕西省教育委员会、陕西省人事厅颁发奖状，冯培德被评为陕西省有突出贡献的留学回国人员。

冲击二代惯导的尝试

563 惯导是 618 所研制的第二代惯导，可以与自动驾驶仪交联，实施自动导航，还可以与火控系统及其他设备交联。

1983 年 12 月 8 日，航空工业部与 618 所签订的航空研究课题经济合同明确规定，1985 年底研制出三套 563S 惯导试飞样机，两年内拨款 400 万元作为研制经费，该项目负责人为冯培德。

这次航空研究课题的落实，应该是发展规划中重大研究课题的关键举措。对于 618 所惯导发展来说，这是至关重要的。

当时的冯培德，刚刚以访问学者身份完成了在美国田纳西大学进修的任务。回来后，所里立即提拔他担任了惯性导航总体研究室的主任。那一年，他 43 岁，刻苦的学习、勤勉的实践使他在知识和经验方面都有了极为丰厚的积淀。在 563 惯导的研制中，他意气风发地开始了一次具有重大历史意义的腾跃。

冯培德回国后做的第一件事就是推动 563 惯导的立项，他回忆说：

"当时张守恒所长、曹东处长派我去向部机关汇报，接待我的是李志正（他1967年分配到618所，参与过组建天文导航课题组并任组长，后调至惯导室负责稳定回路课题。1978年，他被调往航空工业部机载局科研处。后调任232厂副厂长、深圳中航技总经理），后来又见了卜繁昌、吴金玉、杨光中等领导以及于剑辉局长。谈了好多次才定下来，机载局决定拨付400万元研制563S挠性器件惯导，两年时间完成。这个数目现在看来不算大，但当时却不得了，因为当时的机载局一年可支配的科研费用大概是500万元左右，我们等于一年拿了近一半。这件事，我做了很大的努力，我感到李志正同志也发挥了重要作用。"

563惯导研发了更先进的挠性惯性器件、新一代微处理机和质量更有保证的元器件，系统具有与国际接轨的控制显示器和多种对准模式，采用游移方位方案，提出一系列独特的建模、标定和补偿技术，有效地抑制了多项误差源，从而提高了系统导航精度。与523惯导相比，该型惯导部件数、体积、重量减少了一半，可靠性有了明显提高，已基本具备了装机使用的可能。

563S惯导的研发是618所惯导研发历程中带有里程碑意义的跃升。在此基础上，根据飞机型号的需求，后来分别研制了为×××飞机配套的563A惯导和为加油工程中加油机、受油机配套的563B惯导、563C惯导等。冯培德作为这个项目的技术负责人，责任重大，他那时刚从国外学成归来，报国心切，加上年富力强，在主持563S惯导的研制中可谓呕心沥血。1984年10月，在563S惯导研制合同签字后10个月，冯培德被任命为618所所长。这位563惯导项目负责人成为了618所执行航空研究课题经济合同的法定代表人。

在一篇名为《悠悠报国情——记全国先进工作者、中国航空工业总公司618所所长冯培德》报道的文章中，有过这样的描述：

在一次重大技术攻关中，冯培德建议采用最佳气隙和使用斜圆环调节的方法，大大减少了陀螺漂移的影响。为成功使用挠性陀螺，他力主为平台稳定回路设计了独特的章动阻尼器和梳齿滤波器。在系统试验中，为隔离陀螺、加速度计及量化器误差系数，他提出了采用同位器电桥和相位电压表进行测试的技术。为解决低温性能的问题，他与同志们一起研究了误差系数的温度模型和参数拟合方法。为提高系统可靠性，他率先安排并坐镇指挥了可靠性增长试验。一位上级机关的领导说："作为一个近两千人的研究所所长，能如此深入科研一线，亲自参与并指挥技术攻关，实属难能可贵。"

在冯培德的带领下，全所上下齐心协力，563S惯导的研制任务按期完成，达到了定位精度2海里/时、准备时间25分钟的技术要求。

563S惯导的试飞是在湖北当阳机场进行的，在第一线主持563S惯导试飞的是张保京同志。在冯培德担任所长后，张保京先后担任过惯导研究室副主任、主任，惯导部副部长、部长和所副总工程师。他是冯培德最可信赖和最可依靠的一员"大将"，工作中与所长冯培德时刻保持着密切联系。在563S惯导研发过程中，张保京日夜操劳，在一线处理了许多实际问题，担负了大量组织协调工作，特别是在坐镇当阳指挥试飞的过程中，和同志们一道克服了许多预想不到的困难，取得了试飞的圆满成功，功不可没。

这次试飞得到了部队的大力支持。试飞期间，部队的同志们看到我国有了自己研制的惯导，非常兴奋地说："有了惯导，可以不要领航员了！"并多次向参加试飞的科研人员询问，什么时候能拿出产品装机。

试飞结束后，部队的评价是“563S惯导自主性强，导航精度高，可靠性好，使用维修方便”。但作为主要参研人员，冯培德和张保京知道，这是部队飞行员和指战员对618所的鼓励、期望。他们后面的路还长着呢！

1986年2月24日，当阳机场试飞归来

型号研制的考验

1977年2月，国务院、中央军委常规装备发展小组正式向三机部下达了“飞豹”的主要技战术指标。

在航空工业科研发展史中记载：1982年9月，563惯导被确定为海军和空军机种的重要配套项目。

1982年9月和1984年11月，618所与603所及172厂分别签订了563A惯导成品技术协议书。

陈一坚，“飞豹”总设计师，在《我和“飞豹”》的自述中这样写道：

“飞豹”的平显、惯导比飞机研制起步晚，所以，飞机设计状态冻结前后[①]，上面感觉这么复杂的系统进度又落后于主机，即便出来了也还需要两三年的成熟期，就决定暂时不装平显、惯导……

618所的工作抓得很紧，到飞机快要首飞（1988年底）的时候惯导就搞出来了。但是因为飞机状态早在四五年前就冻结了，按照国标规定是不能改的。

曾担任三机部重点型号办副主任、航空航天工业部军机司副司长的马承麟，从1982年5月起到1995年12月，一直担任“飞豹”项目现场副总指挥，在他写的一篇回忆文章《砺翼长空——“飞豹”研制全过程亲历》中有这样一节：

装用平显与惯导等先进航电设备

“飞豹”飞机在选择配套项目时是20世纪70年代末，当时用于飞行参数显示的平显和飞行导航用的惯导在先进国家已经装机使用了，而我国则是刚刚起步。有关研制单位有些研究基础，积极性很高，大力向主机所推荐；型号总设计师、总设计师单位的同志、用户即军方也有愿望，但在技术上，尤其是根据歼8等飞机的研制经验，新机不能上太多太新的配套产品，否则将有可能拖住整机的研制工作。也就在这种背景下，经过研究，一致同意采用两条腿走路。飞机第一步选用技术成熟的光学瞄准和210多普勒雷达导航系统，而平显、惯导也同步开展研制工作，并同主机所签技术协议和

① 应为1984年前后。——作者注

经济合同。

实际上我国的平显、惯导设备研制工作进展很快，到 1989 年和 1990 年，受油机已确定上平显和惯导，也就是为“飞豹”备用的 563 惯导设备；此时军方（即海军）要求“飞豹”装平显、惯导，并将此作为 1990 年第三次现场办公会的正式议题。当时总设计师担心进度跟不上，系统试验多，怕影响飞机定型；但现场办公会考虑技术的发展仍确定要装机，答应如进度实在有困难，可暂不作为定型考核项目。我认为决定正确，全力贯彻。

这也就是说，1982 年签订的 563A 惯导技术协议和经济合同仅仅是军方（主要是海军）支持下的一个备用方案。

承担惯导研制的 618 所没有辜负军方的期望，在“飞豹”研制的关键时期，拿出了自己的产品。尽管有了产品，但将备用方案转化为装机首选方案并不容易。

马承麟在《砺翼长空——“飞豹”研制全过程亲历》文章中回顾：

后来碰到不少预计不到的事：

第一是与某型空舰导弹火控系统技术协调难。航天工业部三院认定，已和上海 615 所研制的 210 多普勒导航系统协调并进行过联试，而对 563 惯导没协调过，担心误差大精度不够；会上争得面红耳赤，就剩拒绝进行协调的话未出口，这是碰到的第一大难题。

……

在一次交谈中，马承麟回忆：

“在‘飞豹’选用惯导这件事上，冯培德做了大量的工作。1982 年，‘飞豹’立项的时候，方案中写上了推荐惯导，但当时惯导还没有研制出来，海军很支持，从‘飞豹’项目中拨出几百万元给 618 所，作为研制费。以后，惯导搞出来了，用不用？首先是海军支持用，但航天工业部三院开始有顾虑。我与冯培德、张琼一起与三院的领导谈，最后还是决定用了。”

曾经担任 618 所副所长的张琼谈起此事时颇有感慨地说：

“我 1990 年从美国进修回来后就一直在冯所长的直接领导下工作，回来后的第一次重大事件就是参加阎良的‘飞豹’现场办公会。那也是我跟冯所长出去打的第一仗——决定‘飞豹’是否上惯导。当时有一派的意见是惯导没有装过，风险太大，装多普勒导航仪就够了。当时持保守意见的人占多数，所以我们必须据理以争。那次冯所长所表现出的坚定的斗争性和艺术性，以及百折不挠的那种精神，对于把航空惯导搞上去的决心给我留下了深刻的印象。之后在冯所长的领导和指挥下我们打了一个又一个胜仗。回首往事，不禁感慨：没有冯所长就没有 618 所惯导的今天。”

在争取选用 563 惯导方面，冯培德没有多谈力排众议、坚持要上惯导的那些情景，他更多谈到的是领导机关、海军用户和一线指挥们的正确决策和支持。但对空地弹研制单位在这个问题上有分歧意见仍记忆犹新，他说：

“既然下面技术人员谈不拢，就只好由双方领导同志在机关主持下来谈，我当时半开玩笑地说，今天录音机摆在这儿，本人说话算数，我相信您也算数。对新上设备不放心是可以理解的，但我要强调：第一，导弹提的指标过高，不仅 618 所的惯导达不到，就连美国的现役惯导 LN－39 也达不到，我建议开一次专题研讨会，讨论导弹系统的指标分配问题。第二，563 惯导精度尚未得到充分考验，但比多普勒雷达加上航姿系统的精度肯定要高。因此说上了惯导反而不如210多普勒雷达是不对的。空地弹研制单位总师是搞技术出身，很有经验，一听就明白，分歧很快解决。接下来谈的都是如何合作把事情办好。”

从后来“飞豹”打靶的情况看，并未发现问题，表明军方领导和技术指挥系统的决策是正确的。

选用了563惯导后，作为现场副总指挥，马承麟认为：

“210多普勒导航系统经多年研制已达到了设计技术指标，现在如果由563A惯导代替，照理讲应给615所做适当经济补偿，但这在中国制度很不健全的情况下又是不可能的。好在后来615所上航空电子综合，把惯导、雷达的控制显示器都拿了过去，也算是一种补偿吧！”

当然，这是技术进步的趋势，也没有办法阻挡。后来多普勒雷达导航系统仅用于直升机，这与国外的做法是一致的。

“飞豹”飞机装惯导当时还有一个拦路虎，就是炮振问题。因为挠性器件惯导对振动比较敏感，而在“飞豹”飞机上惯导被装在离23毫米航炮很近的地方，因此在制定惯导验收环境条件时又出现了分歧。这个问题不解决又可能导致翻车，也会影响装机的进度。

这件事经层层汇报，最后引起了航空航天工业部部长林宗棠的关注。林宗棠部长要求成立一个三人小组，由飞机总设计师陈一坚、主管项目试飞的630所副所长张克荣（他本身就是振动方面的专家）和618所惯导负责人冯培德组成。林部长要求，每天给他汇报一次进展情况。冯培德马上邀请两位老总到西安进行研究，并提出要从实际出发，用测振仪器实测打炮时惯导所处位置的振动强度，然后在这个基础上适当提高，作为惯导验收条件，两位老总原则上同意了上述意见，张克荣同志还表示可找到现成的数据，很快形成了共识，并安排了工作。

后来主机方面又提出空中打炮没有问题，但在地面校靶的时候因航炮后坐力大，其振动比空中打靶还要厉害。618 所建议地面校靶时可暂时把惯导拆下，拆惯导十分简单，但这件事要得到用户的认可。

当时主持“飞豹”研制的核心领导是国防科工委的谢光副主任、海军的李景副司令员和三机部王昂副部长，下面工作班子的负责人是国防科工委六局张国治局长、海装飞机部徐甘泉部长和三机部军机局马承麟副局长。后来地面校靶拆不拆惯导问题又提交给三小“巨头”裁决，他们认为上不上惯导已确定，其他细节问题可留待今后逐步解决。

618 所惯导研制团队在冯培德的带领下，在 1988 年 12 月 14 日“飞豹”首飞之前，研制出了惯导产品，也争取到了装机试飞的机会，并正式列为“飞豹”配套设备。

张国治局长回忆道：

“在 618 所惯导装备‘飞豹’和在‘飞豹’上试飞、试验过程中，曾出现过争议，甚至有人提出非议，发生过动摇。在这些关键时刻，机关和使用部门坚定地站在了 618 所一边，站在了冯培德同志一边。实践证明了我们的这个选择是正确的，历史会更加证明当时惯导应用发展上的这些决策是正确的。”

经过这件事后，618 所对惯导的安装位置问题也增加了认识，当 573 惯导装备飞机时，冯培德同志就专门爬上了样机，选了一个在驾驶员侧后座下的位置，对炮振就不那么敏感了，而且也接近飞机轴线。

618 所对“飞豹”的贡献还不只是惯导，应该说还有 ARINC

429 总线，当时在惯导研究室负责系统交联的技术骨干王若梅回忆：

“在与法国谈惯导技术合作时，我们获得了 ARINC 429 总线的一些资料。该总线在国际上属于先进的技术，国内还没有采用。

冯所长从对方提供的资料中看到这个总线的介绍，就交给我们搞接口电路的人研究，见到的材料其实仅是接口控制文件和一般性介绍，据此我们完成了软硬件实现，并建议在‘飞豹’上使用这项总线技术，得到了支持。接着又决定将 ARINC 429 总线用于受油机，其系统联试是在我所原址（指户县李家庄）进行的。由受油机总设计师杨凤田亲临现场指挥，我具体组织，28 天完成了联试，这是我国首次使用 ARINC 429 总线。”

冯培德在为惯导装备“飞豹”努力的那段时间前后，另一个重大机会出现了，南海风云突变促使国家决定空中加油工程立项。

要加大飞机的航程和作战半径，加大飞机的载弹重量，延长飞机留空时间，采用空中加油技术成为世界各国的首选。在现代战争中，空中加油技术已经显示出了巨大的威力，成为军用飞机完成战斗任务、取得战争胜利不可缺少的重要手段和关键技术之一。

要确保从不同机场起飞的加油机、受油机在昼、夜间复杂气象条件下于远离地面台站的预定地点会合、对接、加油和脱离，光靠地面通信指挥的老办法是不行的，具备自主能力的惯性导航系统已经不可或缺。

1988 年 9 月，航空航天工业部正式下达加、受油机研制任务的单位中并没有 618 所。一直到 1989 年 5 月，第二次受油机成品协调会后，×××受油机仍明确以引进法国萨基姆公司的 ULISS91 惯导作为首选配套。

1989 年“六四”风波后，西方各国协同步调，对中国进行制裁，严格限制对华技术设备出口。

1989年夏，军方领导丛日刚、张鹏同志专程到618所对惯导进行考察，他们多年来对航空机载设备的发展十分关注，冯培德预感这次考察意义不同寻常，果然机会来了。他回忆了当时的情景后说：

“1989年夏，丛日刚和张鹏二位领导同志突然来所调研，要看看我们的563惯导样机通电试验，那一套惯导十分‘给力’，表现之好前所未有。在实验室条件下达到了0.4～0.5海里/时的水平，远高于设计指标要求。他们两位看完后当场拍板说：‘老冯咱们就这样定了，加油工程就用618所的563惯导了。’我说，563惯导与外国的惯导相比，体积大了一点，装机也可能会有点儿问题。他们说，加油机应该没有问题，就看受油机了。”

在563B惯导的研制生产中，冯培德与受油机总设计师杨凤田结下了很亲密的友谊。他在回忆中讲道：

“丛日刚、张鹏等领导回京后，决定在小汤山开一次协调会，找受油总设计师杨凤田就装机的体积等问题进行协调，在此关键时刻，杨凤田投了决定性的一票。我记得他当时说：‘老冯，你是帮了我们的忙，我们也一定要帮你们的忙。原计划买美国或法国的惯导，安装位置就没协调下来，你们的惯导体积更大，装机困难很大。但你放心，这个问题包在兄弟头上，你们也别再改尺寸了，我怎么也得给你挤出个地儿来，你甭管了。’最后控制显示器装在了座舱的侧上方。在小汤山会议上，杨凤田坚决支持了国产惯导。当然谢光、张国治这些领导同志的决策是前提。”

据601所《×××受油飞机研制史》记载：

1989年9月10日，总参谋部、国防科工委对空、海军《关于空中加油工程机载设备方案的请示》给予批复。鉴于当时的国际环境，引进设备不落实的情况下，同意：

1. 首批加、受油机可采用国产563A惯导，分别代替原方案中的LIN72R和ULISS91惯导。

……

西方国家在做出对中国制裁的决定时，肯定没有想到，制裁带给中国人的不是灾难，也不是向制裁者的屈服。恰恰相反，制裁对中国人来说强化了走自主创新，发展中华民族自己的惯导事业的民族精神，也给了中国人发展惯导事业一个极为难得的机遇。

西方有一句谚语：机遇总是垂青有准备者。经过近20年艰苦磨炼的冯培德和他带领的618所惯导人紧紧抓住了这个机遇。他们在20年前就坚信，惯性导航是导航领域不可或缺的一项关键技术，并始终认为，发展惯导技术固然期盼国际合作，但必须以我为主，自主发展是掌握主动权的前提。

1989年11月，总参、国防科工委下达了空中加油工程惯导战术技术指标，确定空中加油工程惯导在563A惯导基础上改进研制。同月，空军司令部科研部与618所签订了《空中加油工程惯导系统研制合同》。

对于国产惯导的研制，空军司令部科研部给予极大的关注，也提出了很高的要求。糜秀娣参加了618所与空军司令部科研部的研制合同谈判。她记得很清楚：

“1989年底的一天，冯所长带着我们与空军司令部科研部协调，签技术协议。军方对精度、技术指标、经费要求都很严格。他是所长，负责主谈。那次谈判真艰苦，从早晨上班谈到第二天凌晨5点多，水也喝光了，烟也抽光了，总算把协议签了下来。”

1989年11月，618所召开了空中加油工程惯导研制动员大会，为加强研制领导工作，所里成立了系统设计师系统和行政指挥系统。1990年5月563B惯导和563C惯导方案通过了方案评审。同年11月21日，受油机首飞成功并获得了航空航天工业部的嘉奖。但第一架首飞的受油机缺装了几项重要设备，列在第一位的就是563惯导。在这场多系统、多单位的协作会战中，618所是在发令枪响之后才开始起跑的，自然面临着更大的压力。

618所奋起直追，不到一年的时间，他们的装机件交付了主机厂并参加了飞机的调整试飞。在1991—1993年的定型试飞中，563B惯导经受了考验，618所交上了一份合格的答卷。主机所在给予563B惯导充分肯定的同时，也指出了该系统有时性能还不够稳定、故障率还较高等问题。冯培德心里明白，由于惯导技术难度大，加之时间紧迫，又是首次装机使用，能够做到没有拖整个工程的后腿实属不易，但通过定型试飞也只能算画个逗号，离画句号还远着呢！

在为加油工程配套的惯导研制过程中，618所和冯培德走过了一段极为艰难的历程。可想而知，冯培德与他的团队是如何紧张工作的。曾任电子室副主任的常虹同志回忆道：

“为完成这一任务，大家真的是拼命在干。有一天冯所长和我们一起加班到深夜一二点，经过我们反复劝说，他才回去休息。那晚我们加班到凌晨四五点，问题得到了解决，大家才高兴地离开了实验室。第二天一早冯所长就来到实验室问我们试验结果，还埋怨我们为什么没有给他打电话，安平副主任解释说，因为太晚了不想打扰你，冯所长却说，我人躺在床上，心在现场，你们解决了问题，我得知道结果，才能放下。他就是这样一个工作狂，他带出了一支队伍，大家都成了工作狂！”

回忆当年攻关时的紧张氛围，张保京说：

“1993 年 9 月，为空中加油工程配套研制的 563B、563C 惯导在试飞过程中，解决了不少动态飞行中出现的问题，但是，有两个问题依然困扰着我们：一是飞机发动机起动时，惯导计算机有时会出现‘死机’；二是速度输出有时出现异乎寻常的‘大数’。而在地面重新启动系统时，该现象又不复现。当时有人开玩笑说，惯导遇到了‘黑九月’。

在这种严峻的形势下，大家都十分着急，冯所长亲自上阵，他本来是个急性子，但此刻却表现得相当沉着冷静，主持了多次讨论会，通过对现场数据的分析以及大量的地面模拟试验，终于搞清了造成‘死机’和‘大数’的原因。主要是由于惯导与飞机发动机点火线圈共用一个蓄电池，飞机发动机点火时，一旦 +5 伏电源上出现负尖峰脉冲，低于某一电压时，就会造成惯导‘死机’。另外，计算机的抗干扰能力弱也是原因之一。为此，对系统采取了一系列措施，提高了自身的抗干扰能力和‘死机’的激活功能，加强了薄弱环节，提高了可靠性。在以后的外场试飞中再未出现过故障，保证了定型试飞的顺利进行。”

冯培德带领 618 所惯导研制队伍进行了艰苦卓绝的拼搏，终于使国产机载惯导取得了主机厂所和军方的认可。受油机的设计研制者们在《×××受油飞机研制史》上，用带着深沉感情的浓郁笔墨，写下了这样一个厚重的评价：

563B 惯导是航空工业总公司 618 所在 563 基本型惯导研制基础上为×××飞机配套研制的我国第一代惯导。该惯导是一种自主式导航装置，具有正常罗经、快速罗经和存储航向三种对准方式。563B 惯导与飞机平显等机上电子设备交联后，形成了飞机惯性导航攻击系统，保证飞机在复杂气象条件下按航线准时到达加油区域、目标上空或选定的攻击位置，利用惯导提供的信息并通过火控系统解算，在平视显示器上提示飞行员操纵飞机实施连续计算投放点的轰炸。

……

563B 惯导的研制成功，标志着我国打破了长期以来少数西方国家对航空惯导军事技术装备的垄断、控制和禁运。这是我国航空工业战线在惯性技术这一“高、精、尖”领域中取得的一项重大突破，也是我国航空武器装备发展的一座十分重要的里程碑。

1994 年，563 惯导设计定型，圆满完成了加、受油机空中大会合任务，同时实现了小批量生产的目标。后来又针对 × × ×系列飞机的要求，研制了“三合一”通用惯导——563E 惯导。

1995 年 10 月 19 日，时任中共中央总书记、中央军委主席的江泽民在百忙之中参观了“九五”航空预研展览会，充分表明了总书记对航空工业的高度重视和对航空人的关心与激励。当他来到惯导和激光陀螺展台前时，冯培德告诉总书记，现在西方大国对我国惯导等技术严加封锁，已商定的技术合作项目都不予批准。但是我们在党中央领导下，奋发图强，自力更生，已经研发出原来准备引进的挠性陀螺惯导，总书记听后非常高兴，他说：“我们就要争这口气！”

“我们就要争这口气”，总书记说出了冯培德和 618 所人心中埋藏已久的话。做“争气惯导”也成为激励 618 人不断探索高新技术的强劲动力，机载惯导成为 618 所又一个新的闪光点，成为继飞行控制系统以后，又一个拉动 618 所技术、经济、企业文化全方位发展的原动力。

1995 年，618 所的 563 惯导交付任务更加繁重。同年 12 月 15 日，在完成了交付任务以后的总结会上，冯培德做了一个热情洋溢的讲话，他充满自豪地讲道：

“挠性器件惯导是一项高难技术，世界上在这一领域真正过关的没有几家。美国利顿、基尔福特和法国的 SAGEM 是老三家，俄罗斯、以色列和我们是新三家。我们跻身到这样一个行列也是相当不容易的。回想到 1989 年‘六四’风波后西方国家在机载惯导、雷达等方面对我们进行的封锁，在上级领导机关的坚定支持下，我们硬是挺直腰杆，咬紧牙关，终于战胜了重重困难，长了我们中国人的志气。”

563 系列惯导的研制成功并投入装备，明显提升了机载设备在飞机研发中的地位。

空中加油工程荣获国家科技进步奖特等奖

更上一层楼的挑战
——研制 573 惯导

563 惯导研制取得了成功，它仅仅是冯培德和 618 所在机载惯导研制中打响的第一炮，他们都没有沉醉于已经取得的成就之中，他们知道 563 惯导在性能、重量、体积和可靠性方面还存在着诸多不足，在未来空战中，该系统还不足以支持航电火控系统与世界上其他国家的先进战机相抗衡。在这样的形势下，使用方和研制方很快形成共识，必须尽快研制出一型性能与美国空军标准惯导相当的航空惯导。

对下一代惯导发展的需求是明确的，但对研发的技术途径却存在着不同意见，杨光中同志作为一名老专家，最关心惯导的发展，也深知惯导研制的水有多深。他曾经做过调查，发现世界各国，包括英国、法国、意大利、以色列、加拿大、日本和苏联的惯导产业的发展，都离不开从美国引进或“获取”技术，中国要想只凭文献资料上透露的只言片语自己研发，风险太大。他极力推动技术引进，他担心 618 所这批“年轻人”不知天高地厚，反倒会误事。在他看来，618 所经过努力做出惯导的样机是不容易的，但要把它变成一个可以批量生产的成熟产品就更不容易了，当然，只要持续努力最终也能靠自己解决，但形势不容我们等待那么久，因此一定要抓住改革开放的大好形势和国家答应给予的支持把这件事办好。冯培德他们理解杨光中同志的用意，在国防科工委和空军的支持下努力推进航空惯导领域的国际合作，以求争取时间，减少风险。冯培德说：

“从1986年开始，我们与美国、法国、英国等西方发达国家的有关公司进行了长达3年的艰苦谈判。1989年‘六四’之后，美国人中止了谈判，法国公司想把这件事接过去，他们开出了×亿法郎的技术转让费的单子，这个价格并不离谱，但是即使我们的全部预算经费都付给他们也不够用，何况国内总需要一定的配套经费，于是我们尽量减少非核心技术的引进内容，内部的说法是只买‘白菜心’，把‘菜帮子’都去掉。即使这样也还是没有达成协议。法国公司考虑到技术转让费还有相当一部分要交给拥有知识产权的政府部门，因此价格也不打算再降。事后他们说完全没有想到与中国这样一个大国打交道，竟然没有迈过这样一道坎，也感到很遗憾。

后来，在一个新型号飞机研制中也曾考虑在国际合作中加入惯导技术引进，在谈判中，外方曾对我方代表说：‘世界上只有美国、法国、英国能批量生产惯导……’外方表示，如果我们不购买80套惯导就不能考虑技术合作。在不知外方对技术合作会报出多大盘子的情况下，我们怎能先吞下购买80套惯导这颗苦果呢？

当时我们已在563惯导的研制过程中迈开了自行研制的步伐，618所的上上下下宁愿接受挑战也不愿低头。我们坚信再经过一轮奋力拼搏，一定能研制出性能与美国在役飞机性能相当的航空惯导，装备我国先进的战机。”

冯培德意识到，在618所和自己的肩头上，承担着发展中国航空惯性导航事业的重任。现在已经到了“丢掉幻想，破釜沉舟”的时候了。他们怀着为国家和人民争气、为国防和军队的实力争夺制高点的远大抱负，开始了又一次的冲刺。这是壮志凌云的决心，也有着几分悲歌慷慨。

几经周折，1989 年 12 月 14 日，国家计委、总参、国防科工委终于正式批准 573 航空通用型惯导立项研制。研制工作于 1990 年 7 月正式启动。过去国家对技术引进项目是不能不花大钱的，但是改为国内研制后，经费马上就要大幅度减少，这对自主研发是十分不利的。在 573 惯导的研制总体部署和经费安排上，原国防科工委航空局局长张国治等领导同志改变了以往的做法，当国外引进受阻后，他们给 618 所留下了原引进经费的一半用于自主研发，这是对 618 所航空惯导腾飞的重大支持，在当时也算是大手笔。他们的决心来自于正确判断，那就是对西方国家严加技术封锁的关键设备如机载惯导、雷达等必须坚持自主研发。这一正确决策不仅确保了新机配套，并使相关专业的发展进入了良性循环，同时也使研发队伍得到了极好的考验与锻炼。1990 年前后，国防科工委机载设备领域抓了惯导、雷达两个专项，2000 年前后，不仅解决了新机研制两大关键机载设备的配套难题，同时也就在这两个研发团队中产生了两名工程院院士，看来绝非偶然。事实证明，只要下定决心，丢掉“洋拐棍”，终能成功地走出我们自己的路来，“两弹一星”的成功实践证明了这一点，机载惯导、雷达的自主研发也证明了这一点。

1990—1991 年，总参、国防科工委先后批复了《中等精度航空惯性导航系统战术技术指标》和《中等精度航空惯性导航系统研制任务书》。时任 573 惯导主任设计师糜秀娣说：

“用户要求 573 惯导的准备时间要从 563 惯导的 15 分钟缩短到 8 分钟，精度由 2 海里/时提高到 0.8 海里/时，同时还要大幅削减体积和重量。这其实达到了美国机载标准惯导的技术指标。

当时飞机指挥系统认为 563 惯导还没有定型，精度也偏低，曾考虑从国外引进惯导技术，但难度很大。在这么严峻的形势下，这么大难度的任务，冯所长敢于接下来，是很有魄力的。”

在618所的历史上，1989年是具有里程碑意义的一年。这一年，563系列惯导563A、563B、563C三型惯导产品面临试制生产、装配调试和配合主机进行试飞试验等繁重任务。同样，573惯导也按照573通用型、573A和573B拉开了三条战线。而在飞行控制领域的622（KF－1）、三轴数字电传飞控系统（633）以及为其他配套研制的各种新产品也都面临极大的压力。与此同时，从户县李家庄搬迁至西安电子城新区的任务已经摆在面前。

作为惯导的领军人物，冯培德毅然决然地挑起了563、573两大系列惯导的总设计师和行政总指挥的重任。作为所长，他也没有放松所里大量的行政性、事务性工作。他之所以敢于迎接这样的挑战，是因为他背后有一个坚强的领导团队：党委书记王纪僚，总工程师吴厚道，副所长张树荣、袁晓明、杜世杰、陈志靖、王道生、曲一兵……而在这个班子的周围，还有着一大批优秀的技术骨干和全所的广大干部群众。

1992年3月，573惯导初步设计通过评审。1993年9月通过详细设计评审。

1993年11月，经过全所上下的大力协同和全体参研人员的不懈努力，生产出了第一套573惯导S型样机。根据以往的经验，一个型号系统只要一改型、只要换一个装机机种就会遇到很多新问题，何况573惯导是一套全新的系统。既是一个高科技的复杂系统，又是一个上台阶的新产品，是不可能一蹴而就的，一连串的困难正等待着冯培德他们去解决呢。当时产品综合表现为导航性能不理想，开始试飞时精度与563惯导差不多。

在冯培德的亲自领导下，包括系统工程师糜秀娣和软件主管设计师蔡文华等同志的研制团队，夜以继日、锲而不舍、反复试验，进行了持续的技术攻关。

糜秀娣回忆：

“有一年春节团拜是在大年初一早上10点钟，他都没有参加，请王纪僚书记代表他去团拜，他一直在实验室和我们加班到很晚。1996年春节，是最困难的时候，春节放假5天，而他和我们一起加班了5天。

冯所长说，既然接受了任务，就一定要把它干出来！

1997年5月24日，573B惯导首套试飞件在机上联试时，显示和控制管理系统（DCMS）给惯导指令，惯导不响应，惯导的所有信息发不出去，显示器为‘黑屏’，后果严重。冯所长立即召集有关主管人员，研究分析故障原因，连夜模拟机上条件反复试验，及时解决了问题。

1998年2月14日下午2点30分，惯导导航35分钟后，飞机准备滑跑瞬间，姿态指示器突然显示60度，平显上无显示，下显显示惯导关机，试飞现场异常紧张，部机载局副局长季留法马上把电话打到了冯所长办公室。冯所长听后非常着急，当晚，所长办公室灯火通明，冯所长把大家召集在一起分析故障原因。第二天，冯所长亲自带队赶赴成都。下午5点赶到成飞公司后，顾不上休息，马上就把在现场跟飞的技术人员叫到一起，继续分析研究。经过大家一整夜的分析查找，终于找到了造成惯导自动关机的原因，一直到凌晨4点钟，彻底解决了系统启动时的误关机现象。早上8点，试飞现场指挥部开会，我们汇报了原因并采取了解决措施，确保了试飞继续顺利进行。”

张保京回忆到：

“有一次，我在沈阳现场‘被扣下来了’，要求解决技术问题。我在电话里与冯所长讨论，电话足足打了40分钟，他边听边记下问题，然后马上组织人讨论，当晚就反馈了处理意见。”

张琼回忆说：

“跟冯所长出差很累。我们从上汽车就开始谈工作，不是泛泛地谈，而是把办公室挪到车上的那种。在机场候机，在飞机上，在旅馆，经常谈到很晚。可是第二天一早冯所长就会来敲门。吃完早饭，我们就该开始一天紧张的工作。

有一段时间，冯所长身体非常不好，但他带病坚持工作。对于我们来讲，这已经是见怪不怪的事情了。有一次他在空军医院做胆囊摘除手术，手术的第二天就把我们找到病房去谈工作，他躺在病床上，把事情一件一件交代给我们，那天我印象中在他房间里待了有近一小时。我们出来时，惯导部的张保京、常虹等一群人正在外面等着开下一个会……”

西方有这样一句的谚语：As they sow, so let them reap（因为他们播种，所以他们收获）。中国流传了几百年的《警世贤文》中有这样的警句“宝剑锋从磨砺出，梅花香自苦寒来”。将这些话用在618所人和冯培德身上恰如其分。

通过推广应用，573惯导稳定地达到了性能指标，保证了定型试飞和地面鉴定试验的成功。历经10年的磨砺，经航空产品定型委员会批准，573惯导于1999年设计定型。

对此，冯培德并没有感到卸下了重担，他头脑十分清醒地说：

“我们只完成了美国人20年前做的事，我们研制的惯导大体与F-16飞机所用的惯导相当，但是美国人现在已经开始用更先进的激光捷联惯导来取代它了，应该说我们之间的差距还有20年左右啊！”

与试飞员合影

第五章

勇挑重担

走上领导岗位

在结束长达10年的“文化大革命”以后，随着党的工作重心转移，组织路线和干部政策也有了大的调整。1980年1月，邓小平提出实现四个现代化的四个前提，其中之一是“要有一支坚持走社会主义道路的、具有专业知识和能力的干部队伍”。8月，邓小平提出了干部队伍实现“革命化、知识化、专业化、年轻化”的方针，这是一项具有战略意义的重大举措。按照这一方针，经过几年的努力，各级党、政、军和企事业单位领导干部的知识和文化水平发生了前所未有的重大变化。这一举措，使党中央和中央政府提出的宏伟目标有了组织保证，同时，也给了广大知识分子利用自己的聪明才智报效祖国的难得机遇。

1984年，航空工业系统在解决了部一级领导的新老交替以后，开始对企业、事业单位的领导班子进行调整。部机关派往陕西地区的机载设备厂、所领导班子调整工作小组由当时担任部机载局干部处副处长的张德全同志负责。在他的主持下，广泛听取了618所各级干部和群众的意见，进行了推荐新的所级领导干部人选的民意测验，经过规范的遴选程序，冯培德排在所长人选的首位，王纪僚同志为党委书记人选。据王纪僚回忆：

“张德全找我谈话，说组织上决定我担任618所党委书记，并说经过民意测验，多数人推选冯培德担任所长，要征求一下我的意见。

1978年，全国科技大会召开，所里也召开科技大会，冯培德就是所里表彰的优秀技术骨干，以后又被推荐参加省里的科学大会并获得科学大会奖，在所里的声望很高。1983 年，他从国外做访问学者回来后就担任五室主任，也就一年时间就表现出很强的事业心、领导才能和很高的技术水平，按照中央和上级关于干部‘四化’的标准，大家都认为他是很合适的人选。我与他在五室长期一起工作，对他很了解，我也是这个意见。

这次调整所领导班子，很有当时的时代特点，思想很解放。张德全后来说过，这次调整厂所领导班子，他推荐的两个人都很成功，一个是宝鸡 212 厂，选了一位女同志任党委书记——范肖梅，她后来担任了陕西省的省委副书记，另一个就是 618 所，选了一位非党员的冯培德任所长。”

1984 年 10 月 24 日，陕西航空工业局副局长刘少尘来所宣布了部党组关于新的所领导班子的任命：王纪僚任所党委书记，冯培德任所长，吴厚道任所总工程师，赵载兴任所科技委主任。调整后的所级领导班子干部共 7 人，其中大专以上文化程度的 6 人，平均年龄为 46. 3 岁，比原领导班子下降 3. 7 岁。

邓小平一贯强调“尊重知识，尊重人才”。他说：“事情成败的关键就是能不能发现人才，能不能用人才。”（《邓小平文选》）618 所这次领导班子调整就充分体现了邓小平同志在新时期确立的人才观。

担任所长，无疑给冯培德提供了实现自己远大抱负、大展宏图的机会。在党委书记王纪僚、所长冯培德等一班人的带领下，由昝凌、马文奇、樊峰秀、陈平、张守恒等一批老干部和老专家创建的 618 所开始了新时期的再一次创业。

618 所选了一位非党员的冯培德任所长，这是当时提倡解放思想大背景下干部制度改革的结果，引起了很大的轰动。

其实对冯培德来说，他不是不想入党，而是很早就提出了入党申请。在1964年，他曾写下一份入党申请书，申请书中有这样的表述：

我在上大学后于1958年就提出了入党申请，大学期间曾写过两次比较系统的材料交给党支部，也参加了历次党课学习。在组织的耐心教育下，自己的思想觉悟有了一定提高，自己入党的要求是一贯的，随着入党动机的不断明确，这种要求也越来越迫切了。不过，自己检查起来，对入党也存在着信心不足的问题，感到自己离党的标准还相差很远，觉得入党是长期的事，因此抓得不够紧，进步比较缓慢……

在这份申请书的结尾，他归纳了自己存在的优点：

（1）思想要求进步，能主动开展思想斗争以及向组织和同志坦露思想；

（2）对工作、对集体有责任感，愿意贡献力量，工作中比较把握政策；

（3）学习努力，肯钻研，身体健康，喜爱运动。

缺点有两条：

（1）工作中对待同志常不够耐心，有主观急躁的毛病；

（2）缺少劳动锻炼，劳动观点和对劳动人民的感情还很欠缺。

这份具有时代特色的入党申请显示出冯培德的禀性和特质。

在大学的5年期间，冯培德一直担任团支部书记工作，但由于北京大学当时在发展学生党员方面比较保守，所以他在学校没有能够入党。

按照上级组织的决定，冯培德作为知识分子中德才兼备、比较年轻、有管理才能、适合做领导工作而且在群众中呼声较高、具有较高威信的优秀人才，已经走上了所主要领导的岗位。

所党委经过认真研究，认为及时吸收他入党是顺理成章的事。

1985 年 4 月，由王德金、张华介绍，冯培德加入了中国共产党，一年后转正。在担任所长 10 多年的时间里，他始终以一个共产党员的标准严格要求自己。尽管冯培德在走上所长岗位之前只有不到一年的室主任工作经历，但他显示出了当所长所需要的组织和领导才能。他在任职会上曾表态，不搞新官上任三把火，而要认认真真地调查研究，实实在在地做工作。他在上任后短短的一年中，就赢得了领导班子和各级干部及全所职工的认可。

1985 年 5 月 1 日，冯培德被评选为陕西省企业优秀领导干部。

1986 年，新班子组建两年的小结中写到：

两年来，特别是实行所长负责制以后，遵循着“坚定不移，慎重初战，务求必胜”的方针，从实际出发，抓住若干关键环节，有计划、有步骤、分层次地进行了大胆改革，取得了明显成效。改革的不断深入激发了全所职工的奋发向上的精神，有力地促进了以科研生产为中心的各项任务的完成，并使我所的特长和潜力得到较充分的发挥。1985、1986 两年，我所提前优质完成了繁重的科研生产任务，若干为航空工业“打基础、上水平”的关键科研项目，如 563 惯导、捷联惯导、622 飞行控制系统、651 自动驾驶仪、671 变稳飞行控制系统等都取得了重大进展。我所在双文明建设方面所取得的进展受到了上级机关的表扬，先后荣获陕西航空工业系统双文明先进单位、陕西省国防科工办系统思想政治工作先进单位等荣誉称号。

从1984年到1986年，在这两年中，冯培德完成了从一个普通的科学技术骨干向一个重要科研机构领导者的转化。他不仅可以继续发挥自己在科研和技术方面的优势，还在研究所的发展方针、战略规划和文化建设方面形成了不少独特的思路，乃至在整个航空工业领域，都使他拥有了更大的话语权和影响力。

陈志靖，618所一个从车间指导员走向工会主席、副所长、党委副书记、党委书记岗位，曾与三任所长搭过班子的领导，对冯培德有着中肯的评价：

“1984年前后，我国一批年轻有才华的科技人员走上企业领导岗位，冯所长是他们中的一位。首先他是一位非常出色的技术型领导，这一点和前任的几位老所长在管理方法和工作思路上有很大不同，当然这也是受时代影响的缘故。老革命出身的所长更注重对人的关心和爱护，在激发人的革命斗志、艰苦作风、拼搏精神上下功夫。而他最大的特点是注重管理、重视科研、把握规律。正是凭着他对技术的敏锐分析和对专业的深刻把握，抓住机遇坚决自主研发惯导，并重视从管理基础上打造618所，从而带领618所闯出了一条有特色的自主发展之路。”

廉洁奉公的好干部

作为一名党员，一些看似细枝末节的小事，恰恰是对他们的考验或检验。陈志靖说，在廉洁方面冯所长确实是所里的一面旗帜，他对自己要求很严格，他没有利用职务、权力为自己谋取任何利益，在新时期始终保持着共产党人的纯洁品质。他把职务完全看成了责任，权力则是履行职责时所必要的手段。

《一次不成功的采访》的作者在专访中向冯培德提出了一个问题：你认为工作中最难解决的问题是什么？

听了这话，冯培德苦笑着摇头摆手："好解决的问题分管领导和机关自然会解决，提到我这里来的问题都是比较棘手的问题。处理了一批，还积压着另一批，总是欠债。我主张严格管理，这样会得罪人，但我们不应该怕。我办事讲原则，只要自己手脚干净，以身作责，问题总能解决。"

"手脚干净"——就是奉公。"公生明、廉生威"，冯培德坚信，廉洁是对一个共产党员最基本的要求，也是大胆管理、严格要求他人的基础。

三国时期著名的政治家、军事家和外交家诸葛亮在研究兵法的著作《将苑》一书中有一节论及《将情》："夫为将之道，军井未汲，将不言渴；军食未熟，将不言饥；军火未然，将不言寒；军幕未施，将不言困。夏不操扇，雨不张盖，与众同也。"

在所长的位置上，冯培德的举手投足，给周围的同志留下的印象就是"与众同也"的领导者。

曾经做过冯培德多年秘书、现任618所情报档案中心副主任的江梅谈到：

"冯所长身为领导干部特别注意自己的行为，对自己严格要求，近乎苛刻。别的单位的所长出差，都派专车专人到车站、机场接送。但冯所长从来都是只让司机去，其他人一概不用去。他说，讲那排场干什么？没有必要。"

惯导科技骨干王若梅同志回忆：

“有一次到北京出差，所长他们下火车就直奔部机关办事，派我在部机关附近找个住处。我沿部机关南边的小胡同向西走了十来分钟发现了一个叫京达旅店的小旅馆，此地原来是个小蜂窝煤厂，后来盖了二三十间平房，转为旅店业，条件较差但服务态度好。我订了房间，但怕他们不满意，结果所长和王副总都说挺好。以后一两年里所里人出差常住在这个小旅店，旅店得知有单位领导住在他们那里特别高兴，对我所出差者特别关照，不仅能保证住房，而且在我们住的房间一般不安排外人，这就比较安全，也方便讨论问题。在当时航空工业系统各单位中，冯所长恐怕是最不讲排场的一把手之一。”

张琼也有类似的感受：

“冯所长生活要求很低，基本上没有什么个人嗜好。可以说把一切都献给了惯导，献给了618所。某年国庆假期，他爱人带孩子出去旅游，他一个人在四天假期中给我们开了四天会。有一次我被叫去的时候，他刚吃完泡饭，我说你也太简单了！随后我们就开始谈工作。

冯所长廉政的事例举不胜举。1990年初北京已开始有‘面的’，但他从汪芝麻胡同招待所到北兵马司总是步行，到国防科工委经常是挤公交车，后来开始打车也多乘黄色‘面的’，很少问津红色‘夏利’。有一次，周末我们决定去王府井购物，冯所长一出招待所大门就跟我说，今天咱们俩出去是私事，所以只能挤公共汽车。

我们出差、出国，基本上除了接待方的宴请，平时都是最简单的餐饮。早上是油饼和豆浆，或者小笼包子，中午、下午不是米饭就是一碗面条，他还跟我们说这样吃最舒服。他点菜很有规律，经典冯氏菜谱无非是土豆丝、炒青菜、鱼香肉丝、京酱肉丝、木须肉、西红柿鸡蛋汤这类等。”

李晨曾任所长助理，他回忆道：

“冯所长对自己要求很严，生活非常节俭，90年代初去北京出差，开始都是坐公交车，后来打车也是只打‘面的’，住宿、吃饭都是按照低标准要求。我们那时候经常去一家航空部招待所边上的小饭馆吃饭，点两个菜、一盘饺子，小饭店的老板都认识我们，可他肯定想不到经常来吃饭的是正厅级的大专家。”

艰苦朴素是一种美德，也是一种真情的外露。这种美德和真情源于对生活、价值的深刻理解，是一种高尚而朴实的精神境界。

爱因斯坦说过（引自何文治主编《道德建设》）：我每天上百次地提醒自己，我的精神生活和物质生活都依靠别人（包括活着的人和死去的人）的劳动，我必须尽力以同样的分量来报偿我领受了的和至今还在领受着的东西。我强烈地向往着俭朴的生活并且常为感觉自己占有了同胞们过多的劳动而难以忍受。

和冯培德接触较多的同志都有类似的感觉，他对工作相当执着，对钻研技术十分有兴趣，而对个人吃穿住行则很简单，没有当今社会上某些人那种贪图享受、讲究排场的坏习气。

谈起自觉、自律，冯培德说：

“我以往不知道爱因斯坦对人生哲理的那段精彩论述，自己仅仅是在组织的多年教育下习惯了如此行事而已，特别是在我走上领导岗位开始的那些年，任务重，搬家缺钱，只好要求大家过紧日子，我也不能例外呀！当然随着事业的发展、社会的进步，自己也不会像当初那么‘抠抠搜搜’了。”

总之，1984 年对于618 所人来说是不平凡的一年，这一年他们迎来了一位德才兼备的所长，就是这位所长，17 年来与他们同甘共苦、相濡以沫，把618 所推向中国航空机载领域的新巅峰，与他搭过班子的领导干部和老百姓对于他都有着很高的评价。

618 所改革的带头人

1984 年，是中国历史上具有特殊意义的一年。

在宣布618 所领导班子调整的前两天，1984 年10 月20 日，中国共产党十二届三中全会在北京举行，会议通过了《中共中央关于经济体制改革的决定》。

该决定明确了改革的基本目标和各项要求。为发展商品经济、发挥市场机制的作用扫除了许多障碍，也给全面经济体制改革提供了一个新的理论框架，为后来提出社会主义市场经济的改革目标从理论上做了重要的准备。

1985 年2 月，全国经济工作会议提出要紧紧围绕增强企业活力，特别是增强国营大中型企业活力这个中心环节，搞好城市改革和其他各项工作，进一步提高经济效益。要树立起有计划的商品经济的观念，用发展商品生产的办法来管理经济，采取加快推行厂长负责制，发展多种形式的经济联合体，实行工资总额随经济效益浮动等政策措施，促进企业由单纯生产型向经营开拓型转变。

由此，研究所原来的管理体制也有了根本性转变，从党委领导下的所长负责制转为所长负责制。

在那充满希望和活力的改革时代，冯培德和党委一班人紧密团结在一起，深入学习中央新的精神，认真研究、贯彻、执行。他们在改革的大潮中，勤于思考，勇于实践，不盲从，不做对长远发展不利的事。他在一份总结材料中是这样写的：

我所改革的特点是认清形势、掌稳方向、大胆探索、稳中求快。改革是不可逆转的历史潮流。搞改革必须有一种紧迫感。但改革毕竟是新事物，是艰苦、长期、曲折的，不宜置本单位的实际情况不顾而去追求表面的轰轰烈烈，那样做的结果是欲速则不达，既经受不住时间检验，又可能为后面改革增加困难。我们从改革实践中体会到，在改革的实际步骤上从容一些，会有利于对改革的全盘考虑，有利于保持本单位长远建设的后劲，有利于群众的心理适应过程，有利于维护安定团结局面，最核心的一点是有利于调动广大干部群众的积极性，这也正是改革的目的。

冯培德和618所新领导班子从研究所的实际出发，从科研领导体制、运行机制、组织结构、劳动人事管理、分配制度等方面，连续推出了五项改革措施并取得了显著成效：

一是建立和健全以所长为中心的新的领导体制，理顺了党、政、工三者的关系，调整了行政、政工机构，使618所成为航空企事业单位中机构最精简、中干比例最低的单位（自1985年起中层以上干部比例一直控制在总人数的5%以下）。

二是不断强化经济承包责任制，使618所承包指标逐步科学化、定量化。承包覆盖面现已达到了95%，基本实现了“纵向承包到底、横向承包到边”。

三是在确保军品科研的同时，挖掘潜力，加速军用技术向民用转移，大力开发民品，为振兴陕西经济做出较大贡献。

四是改革劳动人事管理制度，实施了编余人员管理制度，为优化劳动组合迈开步子。

五是改革分配制度，实施了岗位定编和奖金岗位系数，增大奖金中活的部分，冲击了平均主义“大锅饭”。

改革举措使这个靠吃皇粮的单一军品型研究所变成了军民结合型研究所，改革也使研究所充满了活力，给职工带来了实惠。几年来，618 所不仅保证了航空工业“打基础、上水平”的关键项目有了突破性的重大进展，而且开发的几十项民品已经遍布陕西以至全国的医疗、纺织、石油、地质、交通等各个行业，在事业费、预研费连年递减，横向合同任务到款不足以及物价上涨等情况下，所里各项经济指标仍保持继续上升的好势头。在军品陡然下降和市场激烈竞争的情况下，每年军品产值保持稳定，民品产值持续较快上升，职工收入继续保持不断增长。为此，618 所连续多年获得陕西航空局、省国防科工办“双文明建设先进单位”、部“先进企事业单位”和省“军民结合技术开发先进单位”等称号。

冯培德在几年来的改革实践中有这样的体会：

“一是认准方向，就必须坚定不移地抓到底。作为一所之长，工作千头万绪，坚持改革是头等重要任务。但基层单位的改革决不能像脱缰的野马任意奔驰，它必须受党和政府的政策和本单位实际的约束，它必须有一个总体思路。哪些该改，哪些不该改，哪些早改，哪些迟改，必须想清楚。没有想清楚的事情盲目动作是要坏事的。只要符合发展方向，对长远改革有利的事，就要坚定不移地去大胆干；有些做法尽管能产生一时激励作用，甚至能赢得一片喝彩，但对长远不利的事，要坚决顶住，不能搞‘一锤子’买卖。比如乱发奖金、实物之类的短期行为，决不能仿效。即使群众对此有意见，只要耐心说服，大多数同志还是通情达理的。还有，奖金分配中如何减少人人有一份的固定部分，增大活的部分，解决干与不干、干好干坏一个样的问题就是个方向问题，又是一个硬碰硬的棘手问题。1986年上半年，当社会改革浪潮暂时处于低谷状态时，我们没有停步，大胆推出了实施‘编余人员’和‘用岗位系数拉开奖金档次’两项大的改革措施。1987年初，又决定把部分补贴和奖金捆在一起发放，使奖金和补贴的固定部分大幅下降。这些措施尽管一时遭到一些非议，甚至有的人扬言要动刀子，但大方向没错，党委和职代会都支持，丝毫没有动摇，经过阵痛之后，终于取得了好的效果。不少职工认为，看准了的事，坚定不移地抓下去，直到抓出成效，是一个领导干部应有的气魄。

二是迈小步，不停步，积小胜为大胜。改革是个复杂的系统工程，是长期、艰苦、曲折的过程，考虑各方面的承受能力和配套措施，与其迈大步，不如分步实施迈小步，这样不会‘翻烧饼’，更不会‘翻船’。比如在考虑编余和优化劳动组合时，究竟如何解决少数人员工作不饱满或有工作不好好干这个问题，我们决定采取由所里统一消化少数编余人员，实行项目承包，开展优化劳动组合，对优化下来的人员，在只保基本工资的基础上，由各基层单位自行消化。这样平稳过渡，减小了压力，推动了改革的步步深入。在强化科研承包责任制时，也是一步一步直到基本实现‘纵向承包到底，横向承包到边’。这样，618所的改革过程中从没有出现停顿和反复。当社会上出现改革高潮时，618所改革大踏步前进；当社会上改革受到某些挫折暂时出现低潮时，618所也能继续前进不停步。

三是集中群众智慧，争取各方支持。每一项改革措施出台前后，都要在所务会（党委负责人参加）、职代会和各种座谈会上广泛听取干部群众和各方面的意见。经常召开各个层次的职工参加的座谈会，广泛征集改革提案，充分论证改革方案，研究解决改革中已经出现和可能出现的问题，直接和广大群众对话，使每项改革措施都充分得到广大干部群众的理解和支持，这样的改革就容易成功，即使出现某些预料不到的问题也容易解决。”

实践表明，冯培德“迈小步，不停步，积小胜为大胜”的做法是正确、有效的，618 所改革的步子是稳妥的但并不慢，在陕西航空局和陕西国防工办的干部会上，冯培德多次介绍过经验和体会。

一所之长，很重要的一点是将全所的员工凝聚起来，形成团结和谐、奋发有为的团队和健康向上的企业文化。要做到这一点，仅凭所长率先垂范、以身作则还是不够的，更重要的是抓好制度建设和企业文化建设。

从 1990 年起，618 所就作为部、省试点单位狠抓三项劳动人事制度改革，率先推行全员劳动合同制，发放航空科研津贴，开始逐年对有贡献的科研人员、工人、干部实行特殊奖励。全所破格晋升了近 30 名青年高工、提拔了 40 名青年干部，把一批德才兼备的年轻人放在科研生产与经营管理的关键岗位上，让他们经受锻炼、施展才华。并针对各级、各类专业人员情况，制定相应的优惠政策，努力营造一个有利于选拔培养人才的优良环境。所有这些激励政策对稳定科研队伍、调动广大职工的积极性发挥了良好的作用。

改革到 1995 年已经见到了很大的成效，在航空工业总公司召开的年度工作会议上，618 所向其他单位介绍了他们的经验。从保存下来的一份经验交流材料中，我们可以看到：

在当年七八月份，在 38～40℃酷暑下，618 所的人们仍坚持夜以继日地工作，为保证完成任务，国庆节全所没有放假。

上级机关和兄弟厂所的同志们见到这样一种情景都说，“618 所同志们的干劲使我们想起 1958 年的那种热情和 60 年代学大庆那种拼命精神”。我们也深深感到靠强有力的政治思想工作和恰到好处的物质激励这两手激励措施精心培养起来的这样一种奋发进取、拼搏奉献的精神是难能可贵的，这是 618 所最宝贵的财富。

在全所上下齐心协力，开拓了全新局面的同时，所领导班子还狠抓精神文明建设。在这方面，618所党委总结的经验是舍得花钱，要办实事，先后投资40万元改造职工俱乐部，每年投资十几万元用于美化、绿化环境，每年为群众办10件实事，深受广大职工欢迎。

由于业绩出色，1995年冯培德被评为“全国先进工作者”。

当改革进入攻坚阶段时，不少单位在涉及深层次的改革面前停下了脚步。对此，冯培德是很清楚的。在一次职工代表会上，他讲道：

“现在看来我们是平均主义大锅饭保留比较好的单位，眼下这几年倒是平静，长远下去是要坏事的。想进来的人很多，但真正高水平、能创效益的人不多；勤勤恳恳工作的人不少，但肯下大力、挑重担、开创局面的人不多。我们万万不能使618所成为懒人的天堂，而应是创业者的天堂。”

618所的激励是要使先进人物政治上光荣、经济上实惠。从1998年所党委报给陕西省国防工业系统精神文明建设工作会议的交流材料中，我们可以看到，在精神文明建设方面，618所的具体举措有：

一是重奖先进工作者。对在两个文明建设中做出突出成绩，每年60名左右的人员分别给予1000～3000元的奖励。二是分配上拉开档次。给予骨干人才与自身价值相适应的待遇。全所职工的20%作为一般骨干队伍，其中的20%作为主要骨干队伍，全所约100人，其年收入增长在25%左右，去年（1997年）年底每人发1000～5000元的特别骨干奖，使这部分人的收入水平很快提高到3万元以上，再加上住房、医疗等隐性收入，确保这批骨干队伍稳定。三是建立科技成果提成奖，办理医疗和养老保险以及发放保密费，鼓励骨干人才安下心、扎下根、出成果、出效益，为航空事业做出贡献。

但冯培德并不是简单地按研究所设置的技术岗位论高下，他看到了市场经济环境下人才价值的市场法则。同样在材料中记述着这样一件事：

1997 年底，我所发生了这么一件事：一位厨师提出基本工资应拿 2000 元，基层领导觉得为难。针对这种情况，我们采取了多种形式对职工进行教育。特别是利用三天时间召开近 200 人的党政工代表大会，集中进行观念转变大讨论。冯所长在会上针对厨师工资一事发言说，技术可参加分配，按照市场价格，一级厨师月工资应该是 2000～2500 元。

要反思三资企业能做到的为什么我们做不到？一个月 3000～5000 元的待遇并不是可望不可及的事。不是凭资历、凭头衔，而是凭本事、凭贡献，这样大家也不会不服气，大多数同志能理解这一点。况且我们的政策总是使多数人得利，对不服气者也容易回答："你要不服气，也干出点名堂给大家看看。"若无自知之明，消极等待，将是进一步的差距。讨论中，大家对吃大锅饭、平均主义、安于现状、四平八稳的思想给予了有力地抨击，澄清了许多模糊认识，人才观念大大增强。

有这样坚决明晰的态度，最后的结果是明显的。所内职工的收入水平大幅度提升，618 所的社会知名度和吸引力大大增强。

在冯培德和党委一班人的带领下，618 所走出了一条成功之路。在 2005 年版的 618 所所史中，记载着改革带来的一个很能说明问题的成就：

1989—2000 年 11 年间，共接收大中专毕业生 817 人，硕士研究生 98 人，解决了新老科技人员交替问题。

20 世纪 80 年代，根据国民经济发展的需要，国企的管理体制由过去的党委领导下的厂长负责制转变为厂长负责制，突出了厂（所）长的中心地位，强化了行政负责人的决策权和指挥权。冯培德同志正是在这一时期受命担任所长工作的。他十分清醒地认识到，行政管理者的权威性、果断性与工作中的独断专行之间决不能画等号。作为一个大型军工研究所的“掌门人”，需要有对重大问题的独立判断能力和决策能力，也可以有些霸气，但决不能霸道。尽管在实际中人们往往将霸气与霸道混为一谈，可是学习数学出身的冯培德同志头脑却异常清晰。对此，曾经当了 10 年工会主席的张树荣有很深的感慨：

“冯所长在工作中非常注意党、政、工三者关系的处理，充分发挥各方面的积极性，所有重大决策都要由党委会、所务会集体讨论决定，凡是与群众利益密切相关的问题，如分房打分办法、调整分配结构、医疗制度改革、用人制度改革等问题，在决策前都要广泛听取各方面的意见。为了让大家更好地表达自己的意见，他倡导设立所长、书记、工会主席三个信箱，这在当时网络信息还未普及的情况下，充分体现了以冯所长为首的领导班子对群众意见的尊重。

冯培德是个急性子，特别是在业务工作上，他希望定了就快干，容不得拖拉和扯皮，有时批评起人来也十分尖刻，但他在改革的问题上却表现得既积极又稳妥。他奉行‘摸着石头过河’的精神，迈小步，不停步，任何比较大的改革措施都要经过充分酝酿、讨论，也总能得到绝大多数人的支持。这也证明了他脾气虽急，但民主作风还是不错的，因此改革不断深入，但没有出过什么大乱子。”

西北五所所长会议

实现由户县到西安的搬迁

618所所史记载：自搬到户县李家庄后，职工、家属健康状况出现问题，特别是白血病发病率高，1971—1982年，职工和家属死于白血病者共9人。1980年10月，经由西安市中心医院血液研究所对全所职工和家属2410人分两批进行血象普查，发现血象异常率高达73.4%。省委、省政府和航空工业部、国防工办等上级部门对此十分重视，多次派专家组和工作组进驻618所进行调查研究。一段时间因怀疑饮水有问题，所里决定从户县氮肥厂和户县飞机场取水，还一度将工作时间减至每日7小时，并发给每人15元健康补贴。

面对上述情况，广大群众强烈要求搬迁新址，当时的所党委樊峰秀、陈平、张树荣等同志也曾多次向有关领导汇报情况，提出搬迁的建议。

1983年春节期间，时任航空工业部部长的莫文祥在参加完国务院春节团拜会后，与副部长高镇宁一起来到618所，在看望退休老干部、老工人、先进工作者后，莫部长也到群众中深入了解情况，听取广大职工的意见。莫部长那次来所没有带秘书，所里派张树荣副所长陪同，前后四天就在职工食堂和职工一样，坐在简易的长条凳上吃饭，非常简单。广大职工真正体会到了老革命的平易近人、老领导的“送温暖”。冯培德在国外也得知了这个消息，他对此事也是特别关心，因为他同组的一位战友和一位老同志的儿子就是因白血病去世的。1983年5月，又有一位年仅20岁的女同志因患白血病去世，使618所从70年代开始就有10人患白血病死亡，其白血病发病和死亡率大大高于全国的平均数。鉴于上述情况，上级机关最终确定了618所的搬迁。

时任副所长张树荣回忆道：

“莫部长来所调研以后，在一次中央工作会议期间与时任陕西省省委书记的李溪溥同志说明了618所在航空工业系统的重要地位和当时群众的情绪，两位领导商议了该所搬迁有关问题。李书记回西安后主持省市有关厅、局、委、办开会，原则上同意618所迁西安，确定了规模，并对相应工作做了部署。为了特事特办，没有采取各部门会签、盖几十个章的办法，与会同志都同意由李溪溥同志在会议纪要上签字即生效的办法。”

因为618所这次搬迁不是全建制搬迁，就不得不结合专业调整进行。1983年国防科工委正式行文，确定为加强飞机辅机的科研生产，加速新机研制，原则同意618所进行专业调整。大气数据中心仪调至成都161厂，电子综合显示专业调整到苏州171厂。618所主要承担飞行控制和惯性导航的科研工作，除继续利用户县现址部分试验和加工条件外，大部分研究、设计和试制任务，都迁至西安近郊新址。

这是618所自1960年建所以来第三次专业调整。第一次是在1965年初，电机电器专业成建制地调整到兴平115厂；第二次是在1967年，遥控遥测专业研究室成建制地调整到洛阳014中心。

1986年6月30日，包括618所、210所和877厂三个单位在西安电子城一区举行奠基仪式。618所规划总建筑面积为65000米^2，总投资2980万元人民币。

本着“百年大计，质量第一”的原则，冯培德组织科研室、工厂、环境实验室、理化实验室的科技人员对新址的技术要求进行了认真研究，各部门都想把自己那一块做得大些，建得好些，但总经费盘子就那么大，显然难度不小。冯培德和负责方案制订的科技委主任赵载兴，副所长吴厚道、张树荣，基建处长杜少林等同志做了大量协调工作，还确立了“一次规划，分步实施”的方案。为了增加使用面积，甚至对走廊、楼梯间、厕所的面积都逐一进行了讨论，设计院的同志也提出了很多设想，但即使这样，还有一部分实体要留在原址（当然也有热表处理因环保的原因不能搬迁西安）。

当时还遇到一个具体技术问题，那就是惯性器件实验室防振要求的问题。1975年，曾在原址建了面积80米^2、深9米的防振基础，用有源橡胶气垫做减振器，共有十几个减振器将防振平台（大水泥块）支撑起来，可防止人走动、汽车开动和地震对高灵敏度惯性元件试验的影响，该方案参考了美国麻省理工学院的做法。冯培德他们经研究认为麻省理工学院地处美国的东海岸，是一个冲积带，它的地质基础不好，火车一走，从地面传导的振动就很明显，甚至汽车过往，都会引起惯性测量数据发生明显变化，所以他们必须采取这样的防微振措施。而在户县那个地方，地质结构是相对稳定的，很浅的深度就到岩层，因此没有必要采取复杂的防振措施。西安新址的地质条件虽然不如户县李家庄地区，但也不像冲积带那么恶劣，经再三考虑，冯培德建议仍采取原址惯导实验室建设时他所提出的三项防微振措施，与原址陀螺实验室采用的整体有源防微振方案相比大大简化，不仅节省大量经费，也易于推广到小批量生产所需的条件建设上。他提出的方案是每个转台置于与实验室地面隔离的地基上，地基深2米；基础本身浇注成一个空心水泥块，以保持适当的自振频率，底下铺沙；基础四周设隔振墙，可防地震波的干扰。此方案简单、易施工，效果也很好。

冯培德就此谈体会时说：

“一个好的科技人员，不应该看不起具体琐碎的工作。我个人主要负责系统总体设计、系统方案及软件设计、指标分配，也具体过问测试设备、加工工艺以及实验室建设。对地基之类具体事本可委托他人处理，但关于惯导试验防微振地基建设一度曾有不同意见，有人甚至提出惯导实验室不迁西安，使这一具体技术问题升级为总体布局问题，这才引起了我的重视。所谓‘百年大计，质量第一’，对此既不能有丝毫马虎，又要搬掉这个拦路虎，因为没有挑选到合适的人来处理这件事，我只好亲自出马，承担责任，希望能经得起历史的考验。这件事对我也是个锻炼。我希望年轻的科技人员要敢于涉足一些自己不熟悉的领域，不要嫌弃像防微振地基设计这样一些看起来不太起眼的工作，这样才能得到更好的锻炼。”

这次搬迁对618所来说，是一次重大的历史性转折。在搬迁时期担任所党委书记的王纪僚在《由三线向现代化城市迁徙带来了发展机遇》一文中幽默地写道：“618所在西安电子城选点建设新址的决策太英明了，这种都市化趋势改变了618所的面貌，使其从一个‘农业社会’一下子跨入了‘信息社会’。”

搬迁工作开始之时，正当618所各方面工作十分吃紧之际。除科研生产任务的巨大压力外，建设经费严重不足，搬迁经费根本没有安排，新所的配套项目也跟不上。在以冯培德为所长、王纪僚为党委书记的领导班子的带领下，全所干部员工硬是咬紧牙关、艰苦奋斗，响应航空部领导提出的“要一天当两天用，一个人干两个人的活”的号召，努力开源节流，使618所从户县迁往西安只花了大概6000多万元，其中所自筹3000多万元，在几个搬迁单位中花钱最少、时间最快、效率最高。

在西安新址建设过程中，现场指挥部30余人在张树荣、杜少林、葛兆祥、王芳道等同志领导下克服工作和生活上的重重困难，处处精打细算，出色地完成了一期建设任务。1989年是搬迁决战的一年，张树荣回顾了当时的总体部署：

“1989年初，冯所长给西安新址建设指挥部下达任务，要求年底前具备搬迁条件，1990年一季度完成搬迁，而且要把搬迁对科研生产的影响降至最小。为确保搬迁工作顺利进行，1989年6月成立了搬迁办公室。冯所长知人善任，抽调了办事果断、责任心强的原物资处处长张学琛同志担任办公室主任，同时决定机动中心主任杨茂之同志带领最能战斗的‘机动人’承担机床和大型设备的搬迁，这两位年过半百的东北汉子带领大家发扬艰苦奋斗、吃苦耐劳的精神，冒严寒，顶烈日，吃住在工地，安全拆装数百吨机床、试验设备，干得十分出色，在搬迁过程中功不可没。”

从1990年1月到3月20日，在不到三个月的时间里，共搬迁住户679户，运行927车次，搬迁机床设备、图书资料、办公用品、物资器材等共498车次，合计搬运总量达1425车次。在搬迁高潮中有的司机一天跑4趟，搬迁中没有出现大的事故，创造了奇迹。

当时规定每户搬迁前后允许三天不上班，但为了减少对科研生产的影响，很多同志搬家仅用了一天时间。常虹回忆到：

“1990年初，正是563惯导研制工作最紧张的时候，轮到自己家搬的时候，就把东西稀里哗啦往包装箱一扔，装车就走，搬来后一卸车，就又赶回到李家庄原址的实验室里加班，晚上回来后才发现取暖用的炉子都忘记搬来。当时大家都没有什么怨言，军代表说你们冯所长就是工作狂，带出来的这个队伍都是工作狂。”

在20世纪90年代第一春，618所顺利完成了搬迁任务，这是该所发展史上的一个重要里程碑，全所职工以实际行动大干苦干，超强度地付出，确保了科研生产和搬迁双报捷，迎来了618所的而立之年。

2010年，时过境迁20年后，冯培德对这次搬迁做了重新思考，他认为：

“1990年那次搬迁为618所腾飞构建了一个新的大舞台，使618所开始步入加速发展的快车道，其意义十分重大。然而只看到这一点还是不够的，我更看重的是，那次搬迁大大提高了我所的整体战斗力，锻炼了思想作风，考验了职工队伍。就拿自筹经费来说，从现在的经济规模来看，所里自筹几千万元不是一件多困难的事，而当时军品尚未小批生产，再加上没有支柱民品，这几千万元硬是靠全所职工无私奉献一点一点地积累，靠精打细算一分一分地节约才得以实现的，没有思想上的高度一致，没有奋力拼搏的精神是办不到的。我们在38军劳动锻炼时学唱其军歌：钢铁的部队，钢铁的英雄，钢铁的意志，钢铁的心…… 三下江南，四保临江，秀水河子歼灭战，队伍打成钢。618所在80年代末科研生产、搬迁双丰收，打赢了这一仗，可以说也是‘队伍打成钢’，不仅战斗力强，而且讲究效率和廉政，为后来打大仗、打硬仗、打恶仗奠定了良好的思想、作风和组织基础。

另一个问题是618所主体搬迁西安后航空工业部要求仍保留户县原址，因此大部队走后仍有100多名职工及他们的家属留原址，工厂的热表工段和技校也留在原址，尽管所里制定了一些优惠政策，但仍存在实际问题和心理上的不平衡，派去的干部工作难度较大，很容易上下都不满意。在原址工作时间较长的是王芳道和冯学选同志，所领导周纯珠同志在分管原址工作时也做了不少工作，我也通过和留守职工的代表对话缓解矛盾，解决实际问题，共同努力，以发展促稳定，渡过了难关。现在看来，经大家的努力把原址保留的思路是正确的，70年代陆续出现白血病病例很可能不是自然环境（如水质、岩石放射性）造成的。我记得周边一家化工单位在越战期间开足马力生产，排放大大超标，经常黄烟滚滚而来，在所区上空盘旋驻留，以致我们必须门窗紧闭，或许这是当时大批人血象不正常的重要原因，后来该厂加强了环保管理，我所在随后的7年没有再出现白血病的病例。近年来环山公路已修到原址附近，到西安现址开车只需半小时左右，目前新的光学加工厂房已在原址建起来了，原址的面貌有了很大的改观，又焕发出了新的活力。”

同样是2010年，冯培德的所长继任者，现任中国航空工业集团公司（简称中航工业）副总经理的张新国在618所50周年所庆上对这次搬迁给予了高度评价：

“改革开放后，因618所地处户县，老科技人员想调走，新大学生不愿意来，618所面临一次严峻的挑战。从那时开始，618所发生了一系列战略性转折。其中最大的一个战略性转折就是上级机关同意618所主体迁至西安，这个战略转移意义非凡。大家可以计算一下，现在全所员工80%是1990年后进所的，在这20年间，不仅一流大学的本科生纷至沓来，618 所更是成为西安地区研究生的首选。人才队伍是一个单位的核心力量，人才建设永远是最重要的事情。为此，我提议，我们所有同志对以冯培德院士为所长和王纪僚同志为书记的老一代领导班子为 618 所的搬迁所做出的努力表示真诚的感谢。”

向科研生产经营型研究所迈进

1990 年，冯培德经过认真思考提出了“航空科研上多型号，试制生产上小批量，预先研究上新水平”的三句话方针，得到领导班子成员的一致赞同。

在当时的大环境下，这三句看似平淡的话中隐含着强烈的挑战意味。

为什么提出航空科研上多型号？从 20 世纪 60 年代贯彻《科研十四条》以来，618 所对科研上水平的观念逐步加强。在 70 年代后期拨乱反正后，依然强调把航空科研搞上去，要使研究所水平与生产厂拉开档次，这些意见本身是有道理的，但也存在一定的片面性。后来国防科工委总结出的“需求牵引与技术推动”相结合的基本思路讲得就比较全面。如果只从技术发展方向上寻找课题，而不在需求牵引上下功夫，就会出现偏差。80 年代初，618 所仅从事 634 电传飞控系统、563S 惯导、歼 8 大气数据中心仪三个重点项目，和这个大所、老所的地位很不相称，总体上看，从 60 年代末 621 自动驾驶仪研制成功后，618 所对航空工业的型号研制没有再做出新的贡献，使科技与经济相结合的方针没有得以体现。因此冯培德上任后极力强调要把注意力更加转向为型号研制做出贡献。

他们很快就进入了新机研制和老机改造领域，包括研制为海、陆、空三军9个机种及导弹配套的飞控系统和惯导系统。

不难看出，经过10多年的努力，618所在航空产品型号研制中的地位已基本确立。在1999年参加国庆50周年阅兵的机种中，除一种飞机外其他飞机全装有618所的飞控、惯导产品。只要还有一架飞机没有飞过天安门，他紧张的心情就放松不下来。因为在演练过程中曾出现过飞行轨迹略有偏离的问题，当时现场同志就把数据传回来，当天晚上8点，冯培德立即组织有关科技人员进行分析研究，从数据上看，系统没有明显问题，专家组的判断是强阵风下操纵偏缓造成的。阅兵空军方队的总带队长机是冯培德的朋友——某师高师长驾驶的，618所对这架飞机的导航手段给予了特别关注，他们知道如果这架轰6在飞行时略有左右摆动，则后面的机群将会摆动得更厉害。

从80年代中后期开始，冯培德对618所科研工作的重点方向所做的调整，对这个所后来的迅速发展起着至关重要的作用。

冯培德提出的三句话方针，第一句话是关键，一个单位如果不在航空型号发展的主战场上摆开战场，就很难对我国航空产业做出实质性的贡献，那么第二句话也就无从谈起。

三句话方针的第二句涉及到科研与生产的布局和衔接问题。我国航空工业建设的前期参考了苏联的模式，科研所与工厂是分建的，科研所负责研制样机，工厂负责生产。这种体制与欧美国家不同，后来为了加强科研与生产的紧密结合，主管部门提出了“部院合并、厂所结合”的方针，但此后对科研生产如何结合的问题并没有真正解决，不断有反复。

曾经担任三机部副部长兼六院院长的我国航空工业老前辈徐昌裕在自己的口述自传——《为祖国航空拼搏一生》中讲到：

“部、院的分与合问题，一直到现在都有影响。搞生产的和搞科研的存在隔阂，虽然这不是普遍的问题，但确实部分有隔阂。一部分人说，你不重视生产，搞科研也没用；另一部分人又说，你不重视科研，生产只能停停打打。1982 年把六院取消了，1988 年又恢复了，到了 1993 年又取消了。”

在一段较长的时期里，以“准备打仗、打大仗”为指导思想，把装备生产放在比较突出的位置，而科研经费投入不足，进展缓慢。

20 世纪 70 年代末，随着中央对国际形势的判断和全党工作中心的转移，全国的军工生产出现陡降锐减的局面，大批军工企业没有任务，处于停工、半停工状态。与之形成鲜明对比的是，科研单位的研究课题却有较大幅度增加。这是因为，一方面，我国武器装备的水平落后，亟待升级换代；另一方面，1989 年以后，西方发达国家对我国实行制裁，对与军事有关的高新技术采取了严密的封锁，这迫使我们必须走自行研究的路。

经过十几年的努力，科研机构已研制出一批换代产品，如雷达、惯导、平显、航电系统、加油吊舱航电系统和空空导弹等。当时新机研制进度紧，新研产品成熟度也不够，再加上生产厂已多年在人员和设备上缺少补充，与研究所的差距明显拉大，若采取以往转厂生产的方式显然不切实际。

通过认真分析当时科研生产的形势，冯培德力主应从实际出发，由研究所担负小批量生产任务，得到了当时国防科工委和用户的支持。但航空工业总公司也存在另一种意见，他们认为，科研单位搞了生产，企业怎么办？不能看着企业等死。

王若梅在回忆当年 618 所坚持走小批量生产道路的艰难时说：

“科研院所搞小批量生产在当时压力非常大。我记得有一次与所长一起去部机关汇报，一位领导要求 618 所把研制出的产品拿出来，转移到工厂生产。那位领导还说这是部里的既定方针。

冯所长据理力争，他的理由是，所里直接组织小批量生产，可以在较短时间里交付；也有利于保证产品的质量；而且可避免工厂重建生产线所需大量投资。他说，部队十分急需产品，而且产品还在不断完善和改型之中，眼下转厂生产是完全不现实的，一拖就得5年，会影响部队装备。

当时双方争论得很激烈。现在看来不仅618所，多数机载设备研究所都走了这条路。冯所长当时坚持的几条理由也都被大家接受了。”

在许多比航空科研、生产之间关系更大更紧要的问题面前，中国改革开放的总设计师邓小平在1992年南巡时的说法是——“不搞争论，是我的一个发明。不争论，是为了争取时间干。一争论就复杂了，把时间都争掉了，什么也干不成，不争论，大胆地试，大胆地闯。”

作为一个研究所的所长、惯导的总设计师，冯培德也并不热衷于参与这场争论，他的态度符合邓小平的思想，“大胆地试，大胆地闯”，干起来再说。

20年过去了，在历史面前，冯培德如同在学校毕业时一样，交出了一份全优的考卷。2005年版的618所所史中，曾经担任所副总设计师、副总经济师的王非在《科研生产一体化发展的实践与思索》一文中，对此做了总结：

从“八五”开始的近10年来，我所在认真学习“科学技术是第一生产力”的基础上，分析了社会主义现代化建设新形势下所面临的新任务，总结建所40年开拓发展的经验教训，制定了“航空科研上多型号，试制生产上小批量，预先研究上新水平”的发展方针，狠抓科技兴所之本，走科研生产一体化之路，不断强化自主创新能力。全所上下同心协力，顽强拼搏，航空科研生产实现了持续快速健康的发展，取得了多项科研成果，新的人才脱颖而出，一批产品陆续定型并投入批量生产，研究所逐步由单一科研型向科研生产经营型转化。回顾这段历史，总结思考之中的若干问题，应该是有益的。

1. 实践证明“618 现象”是历史之必然

……

1996 年，产品销售收入已占总收入的 75% 以上，产品质量、外场服务也有明显进步，被航空工业总公司评为 1996 年度完成配套生产任务的先进单位。上级机关对我所承担小批量生产由“捏把汗”到“放下心”，年底总公司调度局与各主机厂分别发来贺电。

2. 千里之行路在何方

……

实现科研生产一体化发展，究竟路在何方？全所上下形成了一致的认识：科技成果转化为商品投入市场，产生社会效益、经济效益，这比什么都重要，抓好科技成果转化是研究所实现两个转变、促进科研生产一体化发展的重要开篇。时任所长冯培德有过一番颇有见地的论述：“严格说来，没有得到实际应用的科技成果，只能称之为科技之花，只开花不结果，不能叫科技成果。更新的技术、更高的指标永远是我们应该追求的目标。但是在一定发展阶段若不能将取得的成果转化成产品，形成新的生产力，那么科研就失去了意义。”

……

3. 机制创新的尝试

管理机制与制度的创新和科研生产一体化发展相辅相成。为实现两个根本转变，我所也在“激励”与“约束”相结合的制度创新和经营管理体系改革上做了若干有益的尝试。

……

1996年，我所制定了加强核算的一系列措施，创收单位实行独立核算，内部实行有偿服务，开始实行全额或部分担负人员工资与奖金的办法，上交利润不仅和人头挂钩，还和占用固定资产挂钩。这些办法的实施，当时出现了不少新气象：投入产出效益的要求传递到基层，开拓进取的积极性普遍提高；在用人花钱上开始收敛，一些漏洞注意堵住；内部横向关系以及观念发生了重要变化。

机制的创新向宁静的研究所注入了活水，在第一线辛勤耕耘、顽强拼搏的技术人员和工人师傅增添了奋发向上的动力。各级干部忠于职守，增强了责任感。“八五”后期以来的10年，大家确实是在紧紧张张、风风火火中度过的，正是“一年三百六十日，多是横戈马上行”。

4. “效益为核心”的魅力

“效益为核心”的观念是在我所从单一科研型向科研生产经营型转变过程中逐步确立的，应该说是一种历史性的转变，是与时俱进的产物……

科研生产一体化发展带来了经济效益的快速增长。仅以“八五”为例，累计经营总收入相当于“七五”的3.5倍，“六五”的7.3倍，年均产值、年人均产值都比“七五”翻了近两番。1995年当年经营收入、人均产值相当于“六五”和“七五”10年的总和。

5. 留给人们的思考

以历史的眼光看，这种转变仍然是不完善、不彻底的，是十分艰难的。我们的组织机构、生产流程还不完全适应批生产要求；设计和工艺人员缺乏系统思维；如何摆脱内部资源的束缚，推行开发式经营模式；在承担众多小批量生产的同时，如何实现我们飞控、惯导技术的跨越式发展等，留给人们的是广阔的思考和发展空间。

但航空科研与生产具有不同的特点和规律，王非在文章结尾时留给人们的思考里，不仅包含着618所在迈出这具有战略性一步时的艰辛，也提出了应该怎样迈出下一步的问题。

在国家经济体制改革中，科研生产的结合问题在不同时期、不同行业有不同的要求和做法，在这方面的探讨至今还在进行中，冯培德一直没有停止对这个问题的思考。他说：

“在当时的情况下，我们把小批量生产任务拿下来是费了很大力气的。不这样做，可能产品支付任务是很难完成的。后来机载设备行业的几家研究院所基本上都采取了这么一个模式，现在上级机关也都认可了。当时我们就提出生产要上去，但科研不能下来，要注意‘不能一种倾向掩盖另一种倾向’，事实上在那一阶段从总体力量布局和领导精力上看，对科研完全没影响是不可能的。因此我们在三句话方针中特别强调预研工作要上新水平，我们注意到了这个问题，但是实际上预研工作还是受到了一些影响，所里上下都把生产交付当成硬任务，而把科研特别是预研当成软任务，从长远看这是会影响发展后劲的。”

在“航空产品上多型号，试制生产上小批量，预先研究上新水平”方针的指导下，618所的科研生产任务逐年递增，从最初为几个机种提供配套产品，发展到向陆、海、空各个领域提供配套产品。实事求是地说，承担这样繁重的科研生产任务对618所来说确实有点力不从心。一是设备不足，二是流动资金不足，三是人力资源不足。冯培德所长与所里主管领导算了一笔细账：单就加工的能力而言，通过调动员工的积极性，工厂不断挖掘潜力，从年30万工时，增至年100万工时左右，但要完成年150万~200万工时，则是十分艰难或几乎是不可能完成的任务。冯培德和所领导班子没有大量申请银行贷款，没有大幅增添设备，增加编制，走外延式扩大再生产、粗放经营为主的道路，而是在内部深度挖掘潜力的同时，大力组织外部协作，走联合生产之路。

在2005年版的618所所史中，曾任试制工厂和检验部门领导的欧阳珍、杨成栋、贺建发、梁进臣等人写下了从试制到批量生产的内部挖掘潜力的变革历程：

1984年，所新一届领导班子组建成立以后，顺应党中央经济体制改革的决定，在广泛听取群众意见的基础上，将当时的一车间、二车间、四车间、五车间、工艺材料实验室、检验科等单位合并成立了试制工厂。

1990年9月，所长冯培德、副所长陈志靖带领机关有关同志到试制生产第一线作调查研究，紧紧围绕试制工厂发展的重大问题广泛地听取了各方面的意见，认真讨论分析了试制工厂的组织机构、生产管理方式、工艺技术、技术改造、生产能力、生产规模等问题，制定了以军为主的发展目标和实施措施。这是所领导集体顺应国际、国内事态的风云变幻，抓住机遇，从长计议，战略制胜的典型事例。调动了试制工厂职工的积极性，使得刚刚开始的小批量生产563B、563C惯导产品的任务得以圆满完成。

1994年，经过多年研制，618所完成了563B、563C惯导的设计定型，产品收入大幅跃升，引起了有关方面的关注。

内部挖潜、改革试制工厂体制虽然取得了成功，但随着航空工业的发展，618所的小批量生产将出现进一步爆发式的增长，小批量生产规模很快将由每个产品年十几套到几十套，最终会达到几百套的规模，这时一个研究所能不能应付得了？

1995年初，航空工业总公司工作会议期间，当时机载公司领导王涛同志又一次找到了冯培德，希望在机载设备领域推动“厂所结合”的工作。冯培德认为主机厂所在推动厂所结合方面都不十分成功，主要原因是存在体制方面的问题，工厂是企业，研究所是事业单位，因此把研究所融入工厂存在一系列问题。另一方面从机载设备行业来看，研究所的技术与经济实力要比工厂强得多，因此应采取航天的做法，以所带厂。基于以上看法，冯培德提出建立若干科研生产联合体，不改变厂所的体制，但密切厂所之间在科研生产领域的联系。这些想法得到了王涛、金击强等同志的肯定，于是在618所召开了相关单位主要领导参加的工作会议。

据当时担任副所长的王道生回忆：

“当时决定接下批量交付的任务，是冒着很大风险的。我曾经问过冯培德所长，他说，是风险，也是机会，我们必须抓住这个机会。

1990年搬到西安后，规划的生产能力不高。原来军方对使用国产惯导的信心并不是很足，但到了1992、1993年，情况发生了变化，军方对惯导的需求量大了，怎么解决？

当时我们找到上级机关，希望给予技改的支持，扩大能力。但当时机关的领导对研究所搞小批量生产是有看法的。机关一位局领导曾说，‘你们618所，不能面多了加水，水多了加面’，这句话对冯所长触动很大，他曾指出，这或许正是我们滚动式发展所应选择的正确模式。冯所长组织我们开了几次所务会，最后大家一致的意见是选择联合生产的模式。”

王非回忆：

“按照机载设备行业在‘九五’期间推动厂所结合的总体要求，冯培德所长在会上提出以产品为龙头，以经济为纽带，组建航空飞控惯导科研生产联合体的具体建议，以便把我所的科研实力与兄弟单位的批生产能力结合起来，以集团优势促进科研生产一体化发展。

在机载设备总公司科技委的力挺下，会议达成的基本共识是由618所牵头，联合212厂等军民分线后的军品实体，分别组建飞控、惯导两个专业的科研生产联合体，1996年完成初步筹组方案上报。

1997—1998年期间，航空工业总公司又提出组建机载行业5个研究发展中心。其中包括由618所牵头，联合有关厂所组建的西安飞控/导航研究发展中心。经过几轮讨论，1998年10月编制了《西安飞控/导航研究发展中心基础建设初步方案》，中心成员单位联合向国防科工委领导做了汇报。此后因为航空工业总公司改组为一、二集团公司，发展中心的建设就被搁置下来。”

618所没有消极等待这些方案的实施，在冯培德所长的主持下，面对实际状况，经过充分论证，在自己力所能及的范围内，一个带有改革特色的行动在逐步展开，其基本指导思想是积极开展生产协作，确保科研任务完成。

经过充分论证，冯培德所长认为坚持“两头在内、中间在外，走联合生产之路”是一条既快又省的发展道路，当时从组织上来看，并未解决科研生产联合体的组建，而且当时兄弟单位之间的经济合同在执行过程中也不具备足够的约束力，冯培德与618所当时负责生产管理的王道生副所长、所试制工厂的周纯珠厂长等都担心协作厂能否按时完成任务，会不会由于种种原因，贻误时机，从而影响任务的完成。他们及时将情况向上级领导机关做了汇报。

1992年5月，由航空航天工业部某工程办公室和618所共同主持，在西安召开了生产协作会。到会的有国防科工委的领导刘胜处长、航空航天工业部某工程办公室晏翔主任、陕西省国防科工办、陕西航空局、陕西兵工局等上级机关的领导都出席了会议，出席会议的还有各承制协作任务的企业的领导和军代表。晏翔主任和刘胜处长分别在会上做了动员发言，对承担军品协作任务的重大责任和意义做了详尽的阐述，并提出了确保完成任务的具体要求。上级领导机关的重视和支持，是开展协作化生产的重要保证。

1995 年，陕西国防科工办、陕西航空局在 618 所再次召开了生产协作会议，各协作工厂的领导、驻厂军代表以及他们的上级主管部门的领导都应邀参加了会议，618 所的主要领导也参加了会议。这次会议总结了以前外协生产的进展情况，进一步沟通了协作信息，诚挚地交换了意见，再一次明确了联合生产的重大责任和意义，对以后联合生产工作的顺利进行起到了积极的促进作用。这两次会议起到了明确方向、统一认识的作用。然而要想使联合生产真正开展起来，还要进一步解决定点生产厂家的问题，这是联合生产得以顺利开展的基础。

当时很多厂家对承担军品联合生产任务的积极性很高，但这些厂家对 618 所协作件不太熟悉，协作厂家的厂内设备、质保体系等情况 618 所也不太清楚，因此需要对这些问题进行实地调研。从 1992 年起，冯培德所长带领生产处、试制工厂、惯导部领导，工艺、技术人员对 141 厂、212 厂进行了实地考察，并就联合生产的有关问题进行洽谈。拟将挠性加速度计（除挠性杆外）的生产转到 212 厂，将陀螺马达的生产转到 141 厂。1995 年，冯培德所长曾带队对贵州精密铸造厂进行了实地考察，并对其产品进行了理化分析、力学特性测定、金相组织鉴定、疲劳强度对比后，才确定将其作为协作定点厂。后来冯培德所长又带队考察了上海微电机研究所，认为该所是专业研究所，在旋转变压器和力矩电机方面技术能力强，能承担上述成件的生产任务，且具备一定的价格优势。经过一轮样机制造后发现该所的旋变生产比较成功，遂确定订货，但力矩电机的性能始终不能满足要求（有材料方面的问题），于是决定仍由 618 所自己生产。冯培德所长还带队到兰州 135 厂、242 厂考察，确定将惯性平台的框架和惯导部件的托架转到 135 厂生产。与此同时，吴厚道总师还带队到173厂、303所落实伺服阀和液压舵机的联合生产问题。

2005年版的618所所史对联合生产做了小结：

十余年来，生产外协稳步健康的发展，有力地证明了“不搞自我封闭”“不轻易铺摊子”，坚持“两头在内、中间在外”的发展方针是行之有效的。从完成工时量的统计数据可以看出，这等于为618所又建设了一个机械工程制造部，而这个制造部却是既无投资、又无包袱、招之能来、来之能战，保证了任务完成，实现了双赢。十余年来通过外协生产，618所还与许多协作厂商建立了良好诚信基础上的战略伙伴关系，这也是一笔宝贵的财富。

长期负责所内生产工作的副所长周纯珠回忆：

“联合生产的路子，是90年代初开始走的。对于搞联合生产，所里压力很大，试制工厂是不愿意外协的，因为所里对工厂有经济指标考核，工资、奖金、设备占用费等，工厂都要上缴所里，为此工厂制定了一整套的奖金分配考核办法。在联合生产中，经常是好干的活拿出去，啃骨头的活留下来，于是工厂任务完成就有了困难。为了走出这一步，冯所长亲自到工厂去做工作，使问题得到了解决。

在联合生产过程中，开始时请一些大厂来做，但人家任务一忙，就把我们的活放一边了，容易耽误进度。后来主要是依靠陕西、贵州、四川、甘肃的一批三线兄弟厂来完成任务。冯所长带队走过许多厂，关系处得非常好。每年都要召开一次联合生产会，二三十个外协厂家都是厂领导亲自带队来参加。

有一次，冯所长在外面开会，他打电话回来，问我：‘人家顶着大雪把零件送过来是为什么？你知道不？’我说：‘当然知道，是为了发工资！’他说：‘知道就好，赶紧付钱给人家！帮助人家渡过年关。’那时人家干的活还在路上，还没有送到，我们就把钱付了。

在那段时期，有些兄弟厂确实经济上很紧张，发工资都困难，但我们支付加工费从来都是很及时的。”

周纯珠是一位上海人，多年来在所里一直分管生产。她有着与工人师傅长期在一起锻炼出的豪爽、果敢、利落的性格，也有上海女性的精明和柔情。在年度总结会上，面对属下特别能战斗的团队，她流过泪。为了保试制工厂的利益，她在冯培德所长面前也有过直言相争。对长期合作结下友谊的兄弟单位，她的感受更为细腻：

“我们的原则是先交朋友、后干活。我们去给人家讲课，帮助人家加工一些精密零件。有一年我到汉中一个厂去了5次。

10多年以来，与这些厂形成的关系为618所的发展打下了一个很好的基础。到现在，有许多紧急任务可以先干活后签约。作为合作伙伴关系，这些厂与618所是非常亲密的。他们的厂长说，我们与618所合作，不单是冲着任务来的，每次到618所来，就像是回到家里一样。”

冯培德在回顾这一段联合生产时认为：

“采用少铺摊子，调动兄弟单位积极性搞联合生产实现双赢的做法是一条正确可行的道路，国外也是这样做的。我们当时决定凡是兄弟厂能生产的要尽量拿出去，人家暂时不具备生产条件的我们要全包下来，因此618所试制工厂的粗加工工作量大幅度减少，复杂精密加工的工作量成倍增加，对我们试制工厂的压力是很大的，实际上就是解决‘升级换代’的问题，对此主管生产的所领导、工厂领导下了大力气。另一方面，我们要把生产管理和质量管理延伸到协作单位，为此我们建立了专门的机构管这件事。

在处理与协作单位的关系时我多次强调一定要实心实意，光将图样交出去还不够，必须向相关人员介绍生产制造中的经验教训，还要将相关工艺也都转给他们，使协作厂尽量少走弯路，尽快进入角色。当时618所的经济状况比很多工厂都强，因此我们在签经济合同时不过分斤斤计较，在付款时不拖拉。现在看来这是搞好协作的关键。对618所来说，进入小批量生产后我们还面临生产组织问题、质量管理问题、售后服务问题、成本控制问题，对这些问题我们以前没经验，就向工厂的同志们学习。”

进入小批量配套交付后的另一个新情况是空、海、陆军开始向618所派驻军代表，由于所方对军代表的性质与工作特点不够了解，军代表对618所的科研生产组织与产品特点也不够熟悉，因此在军代表进驻的初期出现过一些磕磕碰碰的问题。于是冯培德请来总军代表冯德仕同志详细介绍了军代室的性质、任务、权限与所方的关系等，后来不仅产品的出所验收而且所有重要的产品方案讨论会、技术攻关会以及内部关键部件的交付都有军代表参加，618所的上上下下有了军代表意识，冯培德在抓产品质量管理方面特别尊重和借助军代表，因为军所双方在对产品负责这一点上有着完全共同的目标，但是在定价这一类事情上双方立场有时会出现对立，这是不难理解的。经过一段时间的磨合后，双方理顺了工作关系，冯培德在所里是老大，但他对小他10岁的军人“兄弟”却十分尊重。冯培德说：“班子里有个好书记，旁边又有一个好总军代表，这是办成事的两个重要因素。”他两人到北京出差时，空军机关的一些同志说，“两冯又跑来干什么大事来了”，足见他们二位在工作上配合得相当默契。使冯培德最难忘的是到军方出差时，这位冯德仕老弟经常在饭桌上保驾，因为冯培德虽然当了17年所长却没学会喝酒，冯德仕常说，“把我们的专家喝坏了，党和人民不答应”。冯培德在任的十几年中，618所与军代表室一直保持着这种“军民鱼水情”。不仅如此，冯培德还为军代表室培养了一名博士生和一名硕士生，现任西安军事代表局质量处处长翟有新就是他带出的第一批博士生之一。

凡事要把握分寸，掌握适度的原则。这是冯培德在618所改革中的一个原则。在推进小批量生产过程中，他也牢牢地把握着这一点。

“度”，在哲学中有一种解释，是事物保持其质与量的界限、幅度和范围。在这个范围内，事物的质保持不变。突破某一个界限，事物的质就要发生变化。量变与质变相互区别的根本标志在于：事物的变化是否超出了度。现在看来，618所在由纯科研型研究所向科研生产经营型研究所转变的过程中，提出新问题是及时的，解决问题拿捏把握的分寸也是恰当的，他们在研究所转型的实践从总体看是成功的。

在访谈中，冯培德认为：

“要认真总结、认真思考，联合生产的模式应怎样进一步推进，研究所科研、生产的关系应怎样进一步处理好？形势不断变化，我们的认识应该不断深化。事物的发展总是循着螺旋式上升的规律发展，否定之否定也是自然与社会前进中不可回避的规律。目前我国正面临发展方式转变的关键时期，正处于由制造大国向制造强国转化的重要历史时期，但国家多年来精心培育的一批骨干研究所所担负的任务已经不再是解决‘有无’问题，而是要解决‘赶超’问题。因此研究所在总体部署上应该把注意力更加放在自主创新方面，以便在国际大较量中脱颖而出。相对过去30年我们取得的进展，研究所正面临更严峻的挑战，看来研究所要在产学研结合的道路上与高校这个前端、工厂这个后端建立起定位清晰、合作紧密、利益共享的全新格局，这是一篇更大的文章，是到 2050 年前后把我国建设成为‘航空强国’必须要解决的一个关键问题。”

对外合作推进研发进程

618 所虽然地处三线，但是当改革开放的春风一吹起，他们就闻风而动。1977 年春天，在外事部门的支持下，618 所与法国 SAGEM 公司就开始了在惯性技术领域的合作讨论。冯培德在第一次技术谈判中担任技术主谈判代表。法方本想借此机会推销他们的民机用惯导产品，盼望着打开中国市场，然而在他们与冯培德讨论了半小时左右后，发现中国人已对惯导有了相当深入的理解，完全没有必要给“学生”讲课了。他们感觉到中国人的胃口恐怕不仅仅是想买点产品，但是他们认为懂惯导是一码事，能真正掌握这项高难技术是另一码事，于是他们提出邀请中方组团到法国看一看，希望借此展示一下自己的实力。这对长期封闭的中国科技工作者来说是一个难得的机会，那次访问由张守恒所长领队，除了航空行业外，船舶、航天领域也有人参加，冯培德的第一次出国考察不仅在技术上开了眼界，同时也锻炼了外事活动能力。他说那次访问从张所长那里学到了不少东西。因为张所长在香港工作过，“文化大革命”前还去过英国，很有经验。在团组中，冯培德组织拟定谈判大纲和撰写总结，还负责对外联络，发挥了重要作用，此次出访锻炼了冯培德在外事活动中挑大梁的能力。

出访法国

与 SAGEM 公司的合作谈判持续了 10 年之久，在这个过程中，中国买了他们少量产品，但不是用在飞机上，我方特别希望引进部分关键技术，加快研制进度和减少风险，这件事几经周折，在技术合作方案上已基本形成共识，但最终还是因为经费的差距没有谈成。事实上，法方的最终报价也不能说很离谱，但与我方的预算盘子有 30% 左右的缺口。我们感到很遗憾，法方事后也觉得有误判，当然他们也有难处，因为合同收入还有相当部分要付给其他方面。那些年在航空工业部支持下，618 所还与美国、英国、意大利等国厂家进行过认真的技术合作谈判，这些厂家态度都很积极，但因种种原因都未获成功。10 年过后，冯培德深切体会到，要想从西方国家买到惯导技术谈何容易，所幸的是，他们在谈判的过程中丝毫没有放松过自己的研发工作。

20 世纪 80 年代末，中苏关系转好带来了技术合作的新机遇。在考察中，冯培德发现苏联同行有很多独到之处，于是他花了很多精力主抓对苏合作，前后出访苏联（俄罗斯）10 次，有 3 个春节是在俄罗斯过的，这些努力促成了一系列合同的签订，还办了一个合资企业，这些合作加速了我国挠性陀螺惯导的研制和定型，总的来看是成功的。在合同执行过程中不仅交流了技术也交了朋友，俄罗斯朋友对双方的合作也给予了充分的肯定，他们认为与618所合作的经费盘子与其他合作项目相比，不算太大，但开了一个好头，意义很大，实现了双赢。2001年春，冯培德离开了618所所长的岗位，但在他60岁生日时竟意外地收到了俄罗斯合作单位4位主要领导签名发来的贺电，冯培德对此感到十分宽慰。

1990年618所与俄罗斯签订第一个合同

即便是在政治、外交上表现出友好态度的国家，在技术合作谈判时也要经历一场博弈，谈判时更需要谋略，主持谈判的人不仅需要技术方面广博的知识，也需要勇气、毅力和技巧，对外合作成为专业技术与角力技艺的结合。在这一方面，冯培德也是一位高手，赢得了所内参与对外合作谈判人员的敬佩。

参与了与俄罗斯激光陀螺谈判工作的翻译陈福兴（他曾任激光陀螺组的组长）回忆：

“有一次与俄罗斯谈激光陀螺技术合作时，俄方认为我们离开他们不行，报价偏高又不肯降，谈判进行得很艰苦。双方谈不拢，只好宣布谈判结束，第二天不再谈，甚至还破例要我们缴纳住在他们招待所的食宿费。

回到招待所，大家都很沮丧，都担心谈不下来的话国内申请的经费就泡汤了，纷纷劝冯所长减些内容，争取把合同签下来。当时中航技驻莫斯科的代表冯健荣也在场，而冯培德所长却相当冷静，他估计会有转机。鉴于那天晚上正值我们的传统春节，冯所长提议，把大家带去的小食品都拿出来聚在一起过春节。有的同志说，‘你可真行，还有心思过节’，冯所长却说，‘等等看，先别急’。

半小时后，俄方的技术负责人跑来找我们，看到我们桌上摆着花生糖果，有说有笑，感到很惊讶。其实他们心里比我们还急。他当时对我们说，还有没有什么挽回的办法，冯所长说主动权在你们手里，我看没什么难的。一小时后，他们的所长来电话，请求我们明天不要走，继续谈判。最后俄方基本上接受了我们的建议，很快就签了合同，最后的结果是皆大欢喜。这次谈判是最艰苦的一次，事后大家都对冯所长说我们对你真是服了。”

618所现任党委书记、总工艺师滕霖回忆道：

“618所在中航工业内是对俄合作搞得最好的单位之一，项目最多，动作最快，成效显著。在一些重大项目上，618所特别是冯所长能够敏锐地捕捉信息，善于及时将信息转化为机会。凡是和我所今后发展相关的项目，一旦决定了就迅速行动，加大实施力度。像激光陀螺对俄合作问题，一但定下来，全所上下集中力量，在已有比较好的基础上，借助俄罗斯的工程化能力迅速地消化技术，提升了工艺水平。

应该说618所能有今天，与冯所长对大的形势的敏锐而准确的分析是分不开的。”

冯培德的聪明、机敏、善于思索、讲求效率在对外合作中，令外国专家佩服。杨银锁在一篇报道中有这样的记述：

一次，618所与国外专家联合做试验，由于对方准备工作不充分，冯培德便亲自主持双方专家讨论两小时，然后组织我方人员奋战一天两夜，完成了全部试验线路，并在三天内完成了测试。这一情景令外国专家大为惊奇，他们感叹地说："这在我们那里至少也得10天时间。"冯培德是位谈判能手，凭着他的知识、经验和谈判技巧，总能在谈判桌上争取到最好的结果。有一位外商说："冯先生是一位造诣很深的学者，也是一位极难应付的谈判对手。"

对外合作取得的很多成果，与冯培德为之付出的大量心血和汗水是分不开的。当时的副所长张琼对此记忆深刻：

"冯所长在对外技术合作方面管理很规范，与西方大公司的做法很接近。每个项目都要写一份SOW（工作任务说明），包括任务的描述、主要技术指标、阶段划分与评估、人员交流计划、资料与设备清单、付款与进度挂钩的安排等。一份SOW要几十页，编制起来难度很大。在激光陀螺合作领域冯所长委托老所长亲自操刀，给大家做个榜样，他这样要求不仅锻炼了我们，连俄方也受益匪浅。由于谈判过程中工作做得很细，合同执行过程中就比较顺利，扯皮的事大大减少，冯所长本人对SOW都要亲自把关，不仅如此，他对来往传真的内容甚至措辞都毫不马虎。他这种对工作一丝不苟的精神使618所的外事工作效率很高、收效很明显，对我们每个人工作能力的提高也是十分有益的。"

王若梅回忆其与冯培德一起参与对外合作的经历，还谈到了1993年与俄罗斯合作成立合资企业的情况：

“当时是俄方出技术，我们出资金，成立了合资企业。从现在来看，应该说花的钱是很少的，但买到了在硅微加速度计制造等方面的技术，通过合作攻克了单晶硅摆加速度计摆片的关键制造工艺难关，掌握了制造单晶硅摆加速度计摆片的工艺过程，制造出了合格的产品并进入小批量生产。培养了一支微机械、微电子和微光学设计与制造技术队伍，整体技术水平有了很大提高，已由单一的制造工艺仿制提高到初步具备自主研发设计和制造各种电路模块和硅微传感器的能力，为我所进一步开展微型飞行器和微型传感器的研制奠定了技术基础。

俄方每年都有三四批专家来华，我们好好接待，他们则认真地传授技术知识。双方相处很融洽。他们总说，我们是世世代代友好的，还是当年苏联专家援华时的感情。”

在2005年版618所所史中，曾担任外事办主任的曹家义撰写了一篇总结性文章——《国际技术合作与交流》，其中写道：

1985年以来，所里先后向英国、法国、苏联/俄罗斯、德国、乌克兰等21个国家派出有关人员进行工作、考察和培训，共计派遣因公出国团组247批次834人次。与此同时，国外专家学者来我所的代表团与以往相比也逐年增长，共计有25个国家362批1060人次来所进行交流与合作。

中国航空代表团赴德国访问，庆祝中德航空合作10周年

迎接乌克兰贵宾

冯培德不失时机抓住机遇，通过迅速开展对外技术合作，提升了挠性陀螺惯导的水平，推动了激光陀螺、MEMS传感器等预研工作的进展，储备了技术和人才，为后来618所的持续发展奠定了良好的基础。

冯培德与来访的美国专家交谈

总 理 视 察

1999 年 8 月 7 日上午，时任中共中央政治局常委、国务院总理的朱镕基来到了 618 所，在听取冯培德所长和张新国副所长的汇报后，朱总理对 618 所的工作感到很满意。《中国航空报》8 月 13 日的头条在报道这次总理视察时，使用了“朱总理说，你们承担着很重要的工作，做得很出色”的副标题。文章写到：

在惯性导航实验室，朱镕基总理饶有兴趣地听取了冯培德所长就 618 所近年来自行研制的三代惯导产品所做的详细介绍，对激光陀螺特别感兴趣，他对该所自主开发出高水平的产品表示赞扬。

朱镕基总理对 618 所努力发展航空高科技，为我国国防现代化做出的贡献给予了高度评价。他说：“你们承担着很重要的工作，做得很出色。”在离所前，朱总理欣然挥毫签名留念。

朱镕基总理视察618所

朱总理视察618所时，距美国轰炸我驻南斯拉夫大使馆不久。视察中，当朱总理关切地问到我国与国外飞机有多大差距时，冯培德回答道：

“尽管航空工业战线上的同志们工作很努力，航空工业的水平有了一定程度的提高，但与国外相比，依然差距很大，有些领域差距还有加大的苗头。主要原因是近些年经费紧张，军队和国防科研部门过了十几年紧日子，发展受到了一定的制约。恳请国家在经济取得巨大成就的基础上，对国防工业加大投入力度。”

冯培德说出了国防科研战线大家都想说的话，朱总理听了以后，连连点头，表示理解。不久后，国家根据国内外发展形势的需要制订了加大国防科技工业投入的新计划，使国防工业进入21世纪后出现了新一轮的快速发展。

618所的改革与发展经受了总理的严格检查。在这位中国经济改革、社会发展的总指挥面前，618所得到了赞扬，这也是冯培德人生中的一次重要考试，只不过与以前所经历的相比，这次规格最高，题目最大，而对考试成绩进行评审的老师也最严苛，但冯培德又一次获得了高分。这次考试取得的成绩让618所党政领导和广大职工深受鼓舞，感到无比自豪。

第六章

是帅是将也是兵

冯培德担任618所所长，成为航空惯导学术带头人之后的十几年，他的角色发生了很大的变化。大家知道我军很多老将领都有这样的经历：战士、班长、排长、连长、团长、师长、军长、司令员，记录着他们从战士做起的戎马一生。冯培德作为一名科技工作者也有类似的经历：课题主管（技术员）、专业组长（工程师）、研究室主任（高工）、研究所所长（研究员）、中航工业科技委副主任（院士），他也是一步一步"进步"过来的。从他的成长过程可以看出如下特点：一是起点高，因为他有20世纪60年代少见的研究生学历，毕业后又机缘巧合赶上了航空惯导的起步期，所以一到618所就担任了课题主管；二是进步快，不拘一格降人才的社会大变革给了他大展才华的机遇，从专业组组长到研究室主任再到研究所所长这"三级跳"只经历了一年半时间；三是任职时间长，他担任所长17年，是在航空院所中任职期限最长者之一。

上述经历在当时的科技领导干部中倒也是模式大体相同。然而冯培德还有一点特色，这一点被618所当时负责宣传工作的杨银锁同志（一名团职转业干部、宣传部副部长、工会副主席）在一篇通讯报道中概括为"他是帅、是将、也是兵"。如前所述，由兵到帅的升迁是常规模式，但既已成"帅"，反过来还去干"将和兵"的活则不多见，因为历史上本来就对"事必躬亲"褒贬不一。冯培德本人对上述概括自有他的看法，他说：

"所长、项目总师能不能算得上'帅'尚值商榷，或许从广义上讲也可勉强算'帅'。至于谈到各层次人物如何定位的问题，我认为原则上应各司其职，'事必躬亲'从事业心上看是对领导人的一种肯定，但从管理上看不应如此，领导者过分陷入具体事务势必贻误大事。但我赞成'必要时能躬亲'，只会讲大道理、说原则话，不敢触及或不能参与解决关键问题的，那也不能算一个称职的领导者。当然我之所以有时要亲自‘带兵打仗’，甚至亲自提出具体技术问题的解决方案，在身处‘帅’位的情况下也不时干些‘将’和‘兵’的活，这得有领导班子的认同，若没有他们顾全大局替我分担不少棘手的工作，那我也是分身乏术。当然，就我自己来讲，加班加点肯定是不可避免的，我当了这么多年行政领导，始终未脱离技术一线，这里既有形势所迫，也有个人志趣，个中酸甜苦辣难于言表，这或许也是中国工程院机械运载学部愿将一位具有所长身份的科技工作者推选为院士的原因之一。”

“帅才” 彰显

冯培德少年立志，求学于北大、南航，磨炼于南山之下，“镀金”于远洋，抓住中国航空惯导事业起步的机遇，多年磨剑，在担任所长后“帅才”风采得以展现。他不仅是一位出色的科技工作者，还是一位优秀的领导干部；他不仅具有一步一个脚印踏实苦干的老黄牛精神，还具有高屋建瓴的战略眼光。把这两种角色、两种风格集于一身是不多见的，正因为如此，他才称得上是该领域的一位“帅才”。

曾担任过惯导部部长、所总质量师的樊兆台比冯培德早一年到618所，“文化大革命”期间就已经进入室领导班子，是航空惯导发展史上的一位重要人物。他在回顾冯培德任所长前后所做出的贡献时写道：

冯培德同志在担任系统主管、研究室主任、618所所长期间，对我所航空惯导技术的发展都起到了关键性的作用。特别是在担任所长的17年期间，他对惯导的每一步发展和改进都起到了关键的指导和决策作用。在我所研制出液浮惯性器件组成的523惯导原理样机期间，冯培德同志创新设计了开路对准方案，并成功进行了试飞；在我所研制挠性惯性器件组成的563惯导、573惯导期间，他已担任总设计师，不仅主持总体设计，还在提高产品成熟度和可靠性方面进行了一系列改进和攻关，他还带领全所为这两型惯导的小批量生产闯出了路子；就在二代惯导开始大量装备部队的同时，冯培德同志又把精力转向激光陀螺的研制，因为美、英、法等国当时已研发出新一代的激光陀螺捷联惯导了，具有准备时间短、体积小、可靠性高、成本低等优点。而制约新一代惯导的关键就是核心部件激光陀螺的研制。那时我所在该领域技术基础较薄弱，冯培德同志亲自带队考察俄罗斯和乌克兰，并得到了国家有关部门的支持，促成了激光陀螺领域的技术合作，使618所在激光陀螺领域的研制能力有了明显提高。目前我所已研制成功使用机抖型激光陀螺的593惯导，并投入批量生产。在618所惯导研制的历程中，冯培德同志真正起到了领军人物的作用，现在看来他的许多重要决策都是正确和及时的，他确实是个帅才。

下面从GPS的问世对惯导带来的冲击的角度看一看冯培德专业发展的战略眼光。

20世纪90年代初，正当我国航空惯导攻关处于最紧要的时刻，美国的GPS（全球卫星定位系统）问世了。GPS是导航设备领域的重大突破，它能在全球范围内一举解决高精度定位问题，其用户设备使用方便、价格低廉。GPS的出现对惯导无疑是一个重大挑战，在航空航天工业部科技委第一届成立大会上，当时国防科工委的某位领导同志曾对冯培德说："现在GPS出来了，定位精度是几十米，而惯导的精度是每小时1852米，两者没法比。我们得投多少钱？你们得花多少年才能达到这个水平？"这是一个十分尖锐的问题。当时国防科工委的领导、军方人士和惯导界的同行们都对此深表关注，冯培德也对此做了深入的思考，并很快表明了如下看法：

“现在很多人质疑GPS问世后惯导存在的必要性，美国人如此，中国人也如此，我们负责外场服务的同志反映了一些部队同志的想法：‘惯导这么贵，还要那么长的对准时间，维护也麻烦，干脆换GPS得了。’一时很多同志都感到迷茫，不可否认，GPS用户接收机体积很小，价格很便宜，精度很高，其应用将会很广泛，中国也得上自己的GPS。但卫星导航毕竟是依靠来自两三万千米高空卫星上发射的微弱无线电信号进行定位的，其最大弱点是极容易被干扰，一个1瓦的干扰源就能造成几十千米范围内的GPS失效。

再说，GPS星座的掌控权在美国，他们有办法使敌方在战区内不能使用这项资源。例如，他们发展了欺骗技术，在战时让你收错误信号，而美国自己使用的GPS带一块防欺骗模块，卖给别人的GPS没有防欺骗模块。因此战时依靠GPS是很危险的。

有些领导同志认为，美国的GPS有这个问题，但以后我们国内自己研发卫星定位系统，就可以放心了。其实，咱们自己的卫星导航也是极容易被干扰的，而且随着反卫星武器的发展，如果我们把宝都押在卫星导航上，那将是极其危险的。飞机、导弹、舰船、陆上战车还是要靠惯导这种自主式的导航系统最后‘保底’。

海军的潜艇在水下接收不到GPS的信号，全靠惯导，所以海军对惯导的要求更迫切。特别是长时间潜航的潜艇要求在水下待一两个星期不“冒头”，无法使用卫星定位和天文导航。要是惯导精度不高的话，就无法执行战时使命。

结论是：我国的卫星导航系统必须发展，但对卫星导航只能用而不靠；完全自主式的惯导在强对抗条件下依然是绝对必要、不可替代的；惯性/卫星组合导航可实现优势互补，应予以特别关注。

这个阐述现在看来也许没什么深奥的道理，但我们分析任何一件事情都要结合当时的情况，要有历史观。当时即使研制 GPS 的美国也存在很大的争论，很多人呼吁用 GPS 替换惯导，但随着海湾战争的爆发，美国的 GPS 导航受到伊拉克干扰机的影响了，才明白 GPS 的局限性，才提出了导航战的概念，才明白惯导的不可或缺。而直到现在，即使民用飞机出于导航完好性的考虑，也没有用 GPS 作为唯一导航手段。而冯培德却早在 90 年代初，在国内外一片质疑惯导继续存在的压力下，基于他刻苦学习新技术的精神和敏锐的观察思考能力，高瞻远瞩地提出了对当时来说绝对深刻的认识，对中国惯导事业没有因为 GPS 的问世而走弯路做出了很大的贡献，也对我国随后兴旺发展的组合导航技术做出了预测。

冯培德对 GPS 的应用没有停留在判断和阐述上，他随后就在 618 所战略性地部署了惯性/GPS 组合导航技术的研发工作。当时 GPS 在国内没有用户接收机，他亲自带队赴俄罗斯合作开发接收机，在国内率先研制出了惯性/GPS 组合导航原理样机。到了 20 世纪 90 年代末，618 所研制的机载惯导几乎都嵌入了 GPS 接收机，为中国以惯性为核心的组合导航系统研制开启了先河。

20 世纪 80 年代末我国开始恢复对俄罗斯科技合作，具体收获不少，冯培德提出的一个观点得到了当时国防科工委领导的肯定，他说：

“我向怀国模、谢光等领导同志汇报了对俄罗斯合作的具体收获后，又谈了一条自己的体会，我说俄罗斯人可以用三流的器件制造出二流的系统集成出一流的飞机，这是非常了不起的，这是我们最应当学习的。俄罗斯同行认为美国人用一流的材料和器件制造一流的系统构造一流的飞机那不算本事。你看俄罗斯人在苏 – 27 飞机导航计算机上用的都是小规模集成电路，他们也知道，工业基础比不上人家，但就是在这样的情况下，还是搞出了自己的陀螺、加速度计、计算机和惯导，惯导比人家体积大，那也没办法。但最后呢，苏－27飞机是先进的。

我们的工业基础比人家薄弱，面临的问题太多了，举个例子，当时不仅国产轴承不行，连轴承的润滑油也不行。用外购的轴承滑润油注到轴承里头，陀螺的寿命会明显增加。搞外事的同志对我的这些例子很感兴趣，他们说，这就是我们外事工作的成绩。但反观我们的工业基础要靠全国大协作，一点一点赶上去，缩短与世界先进水平的差距，但在没有赶上去以前，还是要靠我们科技工作者发挥聪明才智，想办法把事办好。我非常佩服俄罗斯人在这方面取得的成绩。”

在世界科学技术发展的历史上，最先进的产品都是在相关技术发展的基础上才得以研发的。没有先进的材料和器件很难研发高水平的系统，而系统的水平又会在很大程度上影响武器平台的水平。从国家角度来看，要抓统筹协调发展，但作为一个好的设计师不应只是怨天尤人，而更应发挥主观能动性。冯培德提出向俄罗斯同行学习，在材料、器件、部件尚不够理想的时候也要努力把系统和武器装备的水平搞上去，这恐怕在相当长的时期内都将是我们各级总体设计人员要面临的问题，对此若无正确认识和有效应对能力是很难有大作为的。

冯培德作为一所之长和惯导专业学术带头人，历来关注科技发展的前沿，对预研工作高度重视，对新事物非常敏感，618所也因此受益不浅。谈起这方面的话题，他说：

“有很多挺好的单位，过了10年、20年就不行了。原因大多是老产品没有销路了，新产品又没有开发出来，只能走下坡路。在计划经济的年代由于长期处于商品短缺状态以及因封闭造成的产品升级换代慢等原因，一些企业的领导故步自封、不思进取也能度日。但在改革开放后就不行了，在这样的单位，即使是劳动模范也得下岗，市场经济条件下的竞争就是这么残酷。因此作为一个单位的领导，并不是说完成上级交给的任务，组织好生产就行了（那些当然也重要），更重要的是要想到前头、走在前头，把未来10年、20年要做的事考虑周到和部署好。这就是讲企业经营战略中常说的要嘴里吃着一个、手里拿着一个、眼里瞄着一个。”

航空工业是高新技术产业，飞机研发又是周期很长的一项大型系统工程，更需要具有战略眼光，提早全盘部署。曾任航空工业部部长的吕东同志和第六研究院院长、航空工业部副部长的徐昌裕同志都特别重视预研工作。预研即预先研究，指的是在型号研制之前进行的带有前瞻性的技术研究，其目的是为新一代产品研制做好技术储备。徐昌裕的体会是："要采用新的技术，如果没有技术储备，那就只能一面设计飞机，一面去突破新的技术，这样时间会拖得很长。"20世纪80年代初在徐昌裕主持下提出的8个关键项目、100多项重点课题都是看得比较准的，后来陆续出成果，对航空工业的发展起了很大的推动作用。

冯培德在接任618所所长后结合618所的实际，认真贯彻了狠抓预研的方针。

他多次强调，在惯性导航方面，西方发达国家，尤其是美国，决不会把他们的技术卖给我们，所以只能靠我们自力更生。他回顾了618所在新型陀螺研制中的一些往事：

“什么叫高技术，很难定义，有些同志提出高技术常常是一些被严格技术封锁的关键技术，这些技术往往是花钱都买不到的。自行研发这样的技术与装备，有时要花10年甚至20年时间。因此必须是在人家开始动作的时候，你也开始动作，就是通常说的‘闻风而动’。人家开始搞了，你听到个名词就得启动，不能等，等不得的。所以我们总结出一条重要的经验体会，那就是发动机、机载设备要独立发展，要超前发展，不能等飞机型号立项后才启动。

我所挠性陀螺的研制始于1973年。后来与我搭班子担任所党委书记的王纪僚，原来就是从事陀螺研制的。1973年，他翻译了一篇关于挠性陀螺的文章，作者Crig是一个波兰人，原来在英国工作，后来到美国去开公司了。王纪僚觉得挠性陀螺中力学问题多，他认为我是学力学的又在总体组，所以送给我看，我仔细看了这篇文章，觉得写得很好，译得也不错。当时国外挠性陀螺也是刚露锋芒，仍存在不同意见，世界著名的惯导大师Draper教授来华讲学，宣传的还是液浮陀螺‘万能’，因为他就是搞液浮陀螺起家的。

我们1970年开始研发523惯导，采用的是液浮陀螺，到1973年，我们就起步上挠性陀螺。当时618所的技术科长金国泰很赞成‘关键器件先行’的技术路线。1977年，挠性陀螺原理样机的随机漂移在实验室条件下已做到了0.01度/时，这对我们下决心研发第二代惯导起了重要推动作用。

挠性陀螺是用挠性接头来支撑高速旋转转子的陀螺，挠性接头并不简单是一个支点，它还能提供沿两个与转轴正交方向的角运动自由度。挠性接头设计巧妙，虽然形式各异但都包含若干个细颈，细颈的典型尺寸是0.04毫米。我们知道一般头发丝的直径是0.07毫米，0.04毫米也就是差不多头发丝的一半。加速度计挠性接头细颈是0.01毫米，因此对材料和加工都有极高的要求。

我所于1977年研制出一个做试验的原理样机，是从若干个陀螺里头挑出的一个，通过试验验证原理方案。试验是在没有振动、冲击，没有高低温变化的条件下做的，加工、装配、试验都得专家保驾，其成熟度是很低的，也谈不上成品合格率。该陀螺真正成为产品又经过好几回合的改进，解决了一系列重大技术问题后才得以实现。鉴于这一类关键器件的研制周期长，所以必须器件先行、预研开路，下手晚是会吃大亏的。”

当挠性陀螺研制已见眉目后，冯培德和618所主管科技的领导们的眼光又开始瞄向激光陀螺。他们充分意识到了自己的责任，不能有丝毫停顿，必须继续努力追赶。冯培德知道，在航空惯性导航的领域中，618所已经是国家队，而自己则是这支队伍中的教练员兼主力队员，任何一点松懈，都会拉开中国与国际先进水平的差距。激光陀螺的研制是冯培德和618所狠抓预研的又一个成功的事例。

当正反向两束光在一个闭合回路中旋转时，若闭合回路本身有角运动就会出现光程差，这种现象被称为Sagnac效应。利用该效应就可以制造出干涉式光学陀螺仪。

美国斯佩里公司于1963年首次做出了激光陀螺仪的试验装置。试验中发现在实际传感器中并不完全像塞氏说的那样，而是在输入小角速度区域存在一个锁区，任何激光陀螺必须用偏频的方法克服锁区的影响才能正常工作并获取足够的精度。1966年，美国霍尼韦尔公司开始使用石英做腔体，并于1972年率先研究出机械抖动偏频型激光陀螺GG－1300。1974年，美国国防部下令海军和空军联合制订研究计划，1975年在战术飞机上试飞成功，1976年在战术导弹上试验成功。80年代中期开始在多军兵种服役。

航空部303所在国内最早开展激光陀螺预研。1979年，航空工业部进行专业调整，决定将激光陀螺预研任务转到618所。

冯培德还记得当时学术界是有争论的，有人认为618所主要是搞转子型陀螺，擅长精密仪器制造而对光学并不“在行”，而兵器行业的一些研究所在光学领域基础较好，他们或许在光学陀螺研制上会上得更快。但是618所的所领导高瞻远瞩，有胆有识，敢于进入他们不熟悉的领域。据冯培德回忆，1979年在618所的科技委会上研究了激光陀螺的技术方案，听了课题组汇报的几种技术途径后（机械抖动方案、磁镜偏频方案、四频差动方案等），所领导和总体组都支持优先上机械抖动方案，并确定光学谐振腔、高反镜片和抖动轮为三大关键。从那时算起到研制成功激光陀螺捷联惯导并投入使用，前后花了差不多25年时间，再度表明“器件先行、预研开路”是多么必要。

618所光学部的严吉中部长是1982年西北大学的毕业生，经过近30年的钻研，他已经成为该所激光陀螺领域的技术带头人。他回忆：

“在我们激光陀螺研发最困难的时候，也是冯所长耗费精力最大的时候。我们课题当时正处于艰难的摸索阶段，他对这个课题非常关心……他坚定地认为这个课题就是未来惯性传感器的发展方向。他常常听我们汇报研究课题的进展情况，也经常提出一些指导意见，使我们受益匪浅。因为我所在激光陀螺方面的底子太薄，冯所长尽最大努力打开国际合作的通道，他两次带队去欧洲厂家考察并决定垫支经费购置大型设备。90年代他又抓住了对俄罗斯合作这一历史性机遇，多次带队前往独联体国家洽谈合作，签署多项协议，促成双方专家大量长期互访，使我所在设计水平、制造工艺和加工装配能力上取得了长足的进步，为我所在21世纪初研发出弹载和机载捷联惯导用的两个序列激光陀螺产品奠定了良好的基础。他还带了一名博士生韩宗虎，研究更新型的ZLG激光陀螺，现在也取得了很大进展。回想起来，要不是冯所长当年高瞻远瞩，抓住机遇大力支持激光陀螺的研制，就很难实现今日的大好局面。”

在谈及狠抓激光陀螺取得成功的历程时，冯培德又讲了这么一段话：

“激光陀螺捷联惯导这个领域是张守恒所长在20世纪70年代末开的头，组建了以陆光明为主管主任、王小培为组长的课题组，开始了激光陀螺预先研究工作。我接任后又抓了十几年，直到张新国任所长期间才抓出成果形成装备，这个方向我们是看准了、抓紧了、做对了。但也留下了一点遗憾，当我们把人力、财力集中到攻激光陀螺的过程中，不得不忍痛割爱，只留下王京献同志带几个年轻人在光纤陀螺这个方向上站岗放哨。我和诸葛豪同志在安排‘七五’航空惯导的预研经费时支持了北航上光纤陀螺，所谓‘偏师借重张惟叙’，所幸的是北航干得很出色，不断取得突破，最近在618所陆志东总师和北航张春熹教授的共同努力下，双方又整合到一起，这也是产学研结合的一次尝试，我相信不久将会看到新的突破。”

回到下大力抓激光陀螺这个题目，此处应该特别指出的是冯培德在近20年时间里，投入了很大的精力和经费，但在其任期内只能看到不断取得的进展，毫无经济效益可言，因此我们对这位帅才不仅要肯定他把握方向的能力，更要高度评价他身体力行“前人栽树、后人乘凉”的高尚风格。正因为如此，21世纪618所激光捷联惯导才得以蓬勃发展。不少同志说起预研来显得很重视，干起来就不免打折扣，原因就是短期行为作祟，缺乏对事业长远发展负责的精神。

20世纪90年代开始出现微机电系统（MEMS）。微机电系统就是在一块硅片上成组进行微加工制造微小尺寸的陀螺、加速度计并集成相应的微电路，可大大缩小体积、降低成本，尽管其精度还较低，但已成为低精度惯导发展的重要方向。618所由研制机械转子陀螺到研制光学陀螺是技术手段上的一次重大转变，而研制微机电陀螺则意味着又一次重大转变，必须要熟悉微电子领域的清洗、腐蚀、光刻、镀膜、键合等工艺，真正困难的是把可动的传感器做到晶片上，而不仅仅是把电路做在晶片上 。90 年代中期，冯培德开始关注这一新领域，他亲自带队到德国考察科研院所和大学，寻找了一位知名专家，一直合作到现在，他还想方设法从德国购置了第一批专用设备。为此，在 20 世纪 90 年代，618 所招了一批学物理的、学化学的、学电真空工艺专业的学生。事实上，干 MEMS 光靠传统学惯导的人还不行，但有时也得赶鸭子上架。他当时带了 3 名研究生从事这方面的工作，其中姚志强就是学惯导的，但做的论文题目是《硅/硅低温直接键合工艺研究》（相对 800℃而言，450℃就称低温），在当时引起了该领域专家的好评。冯培德敢于进入新领域的气魄为年轻的学术带头人树立了一个好榜样。现任 618 所惯导部部长、捷联惯导副总工程师的雷宏杰深有体会地说：

“到 618 所后有机会直接在冯所长手下工作，从他那里学到很多东西，自己体会最深的有三条：第一，他概念清晰，能把看上去很复杂的问题迅速理出头绪来；第二，他对新技术特别敏感，不惧怕进入新领域；第三，他反应特别快，反应快慢决定了能干多少事，能管多少人。他的这些强项是他多年历练的结果，最难学的恐怕是第三条。”

上面是从学术带头人角度展现冯培德的帅才，那么作为一所所长，他的帅才则主要表现在 20 世纪 90 年代带领 618 所从单一科研向科研、型号、生产和售后一体化的全价值链的成功转型。618 所因此告别了仅靠科研费过日子的羊肠小路，走向了全面发展的宽广大道。

王非在《科研生产一体化发展的实践与思索》一文中写到：

90 年代初，原来从事产品开发的 618 所首当其冲地承担起了新品的小批量生产任务，当时上级计划部门曾经对此持怀疑态度，他们把这一新事物称为“618 现象”。历史证明：“发展高科技，实现产业化”是我国经济腾飞的大思路，也是研究所科研生产一体化发展的必由之路。

……

618 所由单一科研型向科研生产经营型转变的 10 年，是辉煌的 10 年，它将以丰硕的成果载入史册。随着小批量成品的产出，研究所的经营机制在转换，科研成果自然转化为商品，产品价格与内部核算体系逐步完善，经济效益以 30% 年增长率迅猛增长，一批科研与经营人才受到锻炼脱颖而出。

对此，中航工业副总经理张新国在 2010 年 618 所 50 周年所庆讲话中给予了很高的评价：

“另一个重大的转折点发生在 20 世纪 90 年代。从 90 年代初开始，618 所已经发起了从一个传统的科研所向型号、生产和售后服务的全价值链转型，冯所长当时提出的型号上多品种、产品上小批量、科研上新水平支撑了整个 90 年代的战略发展。这件事的战略意义在于彻底改变了研究所不关注用户价值观的问题。因为你只有做了产品以后才知道用户关注什么，而不仅是评一些科技成果。还有一个很重要的意义是我们彻底改变了只靠预研费过日子的方式，从此开始了自主发展的道路。”

历史证明，在改革的大潮中，产业部门的研究所向科研生产经营型转变是正确的，但在当时要想率先走出这条路来，没有高瞻远瞩的眼光、超前决策的睿智和敢于取胜的决心是万万办不到的，冯培德带领618所做到了，为研究所体制改革和发展进行了成功的尝试。

“大将” 风度

中国有句古话：“为将者当披肩执锐，用于身先士卒，临难不顾……”作为惯导项目总师的冯培德之所以能在航空惯导技术领域里不惧艰险、不惜代价，几十年如一日奋力拼搏，其所赖以支撑的精神支柱就是“要靠我们自己的努力研制出国家急需的产品”。他本人在惯导的研制中通过实际行动始终如一地践行着这句话。

可以说他为发展航空惯导事业倾注了全部心血，快节奏、超负荷地运转成为了工作常态。他不仅在重大决策的关键时刻能深思熟虑、颇有远见，也能在技术攻关的困难时刻充当一名能攻善战的指挥员。

杨银锁在《团队精神的赞歌》一文中就有生动的描述：

1995年，由于小批量生产中出现了一些技术问题，致使563惯导生产计划受阻，直到9月份完成的数量还不足全年任务的1/4。所党委、所领导对此极为关心，决定由冯培德所长到现场解决问题，而许多行政方面的工作由党委书记和其他所领导临时分担。冯培德经与技术人员反复研究，认为是陀螺在调试和使用时状态不一致，导致刚性中心发生变化。问题找到了，但是解决起来却不容易，陀螺激磁要改，输出电桥要改，线路要改，陀螺要重调，工作量相当大，三个室的同志，夜以继日地干，准备苦战三天向国庆献礼。28号凌晨2点钟了，年轻同志强烈要求冯培德、糜秀娣等老同志回去休息，他们说：“你们把方案定了，干活的事我们年轻人包了。”其实安平同志的孩子正患病，自己也有低烧。陀螺测试组组长黄韵竹带着一个3岁的小孩连续加班没有误一点事。30号晚，当大家满以为要大功告成时，测量结果仍不满意，大家再次陷入沉思，及时查找问题，又过了一个不眠之夜。当国庆节早晨阳光普照大地时，在惯导实验室奋战了三天的科技人员们脸上终于露出了笑容。年轻的科技人员谈起这件事时说：还是冯所长说得对，惯导是个“细活”，稍有不周就能惹出不少麻烦。记者了解到他们在解决振动和高低温条件下保证性能和可靠性问题时所付出的劳动同样是异乎寻常的。1995年9、10月份，很多关心563惯导交付的同志都曾暗暗地感到：今年完成配套任务可能是“没戏了”，然而618所的干部、职工靠着他们的钻劲和拼劲，靠着他们对振兴祖国航空事业的诚心，硬是绝路逢生，在四季度扭转了被动局面，于12月15日完成了交付任务，受到了总公司和主机单位的表扬。

惯导部的同志们没有一年春节期间不加班，最突出的一次是在563惯导地面定位/定向系统车载试验的关键时刻，冯所长在春节前做了动员，并决定从腊月二十九起集中各方面人员进行攻关，春节放假7天，他们干了7天，每天要用几小时进行车载试验，回来后顾不上吃饭，有的同志处理数据，有的同志更改减振系统，有的同志忙于电池充电。外面寒风凛凛，而他们这个战斗集体却热气腾腾。保卫处值班的同志说惯导部的同志们真不简单，在春节期间每天干10小时，课题组的同志说：“所长都亲自出马了，我们还能不拼命干。”他们发现每天9点的早会，冯所长总能详细分析前一天的试验结果并提出改进方案，年轻人认为所长脑筋动得快，后来才知道他每天晚上在家里还要加班几小时。

……

惯导的英文缩写是INS，曾有一位来访的外国专家看到618所人的工作精神后大为感慨，戏谑地将其释为I Never Sleep（我从不睡觉)。是的，一个人具有无私的敬业精神不难，一群人具有这种敬业精神就不是件容易的事了，而这正是618所惯导研制群体的可敬、可贵之处。我们只是取沧海之一粟，采茂林之一叶。618所人的这种甘于奉献、无怨无悔、敬业爱岗、团结一心的群体精神，不正是航空工业实现腾飞必须倡导和宏扬的实干精神吗？一个人的力量是有限的，只有团队的力量才能铸造辉煌。

这篇洋溢着对618所人赞美和热爱之情的文章，发表于1996年《中国军工报》。从这篇文章中我们可以看到冯培德每到关键时刻，总能从幕后走到幕前，和他的战友们一道拼搏，取得决战决胜，体现他的大将风度。

冯培德总说，既然接受了任务，就一定要把它干出来！他的决心和意志感染着他周围的所有人。在618所《记全国先进工作者、中国航空工业总公司618所所长冯培德》一文中，寥寥几笔，就对冯培德做了一个精准的描摹：

有一段时间，系统在低温试验时性能过不了关，冯培德马上组织了一批精兵强将“进驻”环境实验室，经过三天分离试验，终于发现问题出自陷波器的低温性能不好，通过改进线路，调整工作点使这一问题迎刃而解。一位电子工程师风趣地说：“冯某人一出马，就说明问题严重了，我也预感到是拼命的时候了。”是的，每当高手和专家云集一起，精神状态高度“活化”的时候，往往平常几个月没有解决的问题，在几天之内就可攻克。冯培德说过，他实际上并不是陀螺设计和电子设计方面的专家，他的责任在于从系统的角度去解决那些某方面专家所不能解决的问题，关键还是如何集中各方面专家的智慧。不难看出，他是一个统帅各方面专家的专家。

冯培德不仅擅长组织技术攻关，他还身先士卒，争分夺秒地处理技术问题。有一次试飞现场反映安装架刚度不够，需要修改，但第二天还要飞，冯培德听到消息后，马上组织紧急会战，6点钟下班没人离开实验室，工人师傅来到实验室与结构设计人员一道研究更改方案。直到晚上8点多钟，他们才挤出一点时间享用食堂送来的盒饭。此时，工厂已经开始了零件不落地的加工。午夜后，科研人员又开始了紧张的装调，第二天清晨6点，紧张干了一夜的一位青年主管及时把产品又送回试飞现场，一位部里的主管工程师在现场激动地对冯培德说："我们就是要靠这样一种争分夺秒的拼命精神，才能后来者居上，与那些今日的'强者'一比高低，从这个意义上讲，我们这支队伍才是真正能打硬仗的强者。"

冯培德在谈到这件事时说："文章中没说清楚，实际上是由于陷波特性的左右不对称，左边比较陡，在低温试验时由于校正网络的电容参数发生变化，很容易使陷波效果被破坏，为此我建议，一是适当降低滤波特性的Q值，二是针对左右不对称适当将工作点右移，三是换温度系数小的电容。"

虽然几十年过去了，冯培德还能把低温试验如何解决问题的思路说得这么清楚，使我们感到他真是一个能在一线解决问题的领导，而决不是仅仅在会议室最后做个总结的那种技术负责人。难怪他脾气不好，经常训人，而别人还能接受他，恐怕一是因为他自己能拼命干，二是因为解决问题时他能集思广益，说到点子上。

既为将，必以身作则，身先士卒，呕心沥血，在所不惜。冯培德履行着"为将者"身先士卒的精神，同时也用他的具体行动和人格魅力潜移默化影响着618所的惯导人。

张琼回忆：

"从1990年到2001年，在冯所长领导下工作，加班就是家常便饭，平时加班，节假日仍然加班。但是我不敢有怨言，因为冯所长比我们大家加班的时间都要长。经常他晚上出差回来，就让所办通知我们去他办公室开会，布置新的工作，听取所里工作的进展和存在问题，会议从晚上八九点一直开到十一二点，散会后我们拖着疲惫的身体回家，冯所长又去惯导实验室了。第二天，我问惯导部的人冯所长昨晚是几点走的，他们说两三点了。可是第二天早上，冯所长又召集我们开会了……那时的618所，实验室、办公楼里灯光彻夜亮着，常有军方或上级机关来所出差或开会的人住在招待所，看到我们的灯光，看到我们楼下大片的自行车，都感慨地说，什么样的领导带什么样的兵。”

出生在江南水乡的618所副所长、总工程师陆志东是该所惯导领域的第二代学术带头人，他在回顾自己的成长历程时说：

“当时的618所地处陕西南山脚下，生活条件相对艰苦，由于自己出生在江南，生活不习惯，加之饮用水有问题的传言，自到618所报到的那一刻，我就打算离开618所。当时的冯院士还在美国当访问学者，只是听身边的师傅和前辈谈起，冯院士在学术上的造诣深厚，北大数学系毕业，工作上孜孜不倦，典型的‘工作狂’。不到一年，冯院士回国担任了领导后，我才深深体会到了冯院士的学术水平和工作精神。有一次，我正在环境实验室通宵进行某系统电子部件的老练试验，夜里两点多钟，已经担任所长的冯培德带着室主任专门来看望和慰问我们，并详细询问试验的情况，对我这样一个刚走上工作岗位的年轻人来说，感动之情难以言表，此情此景到现在仍清晰地停留在我的脑海，记忆深刻，并始终影响和激励着我，使我能坚持在618所留下来。即使在改革开放、下海大潮的年代，也没有动过离开618所的心思，也正是这次探望真正触发了我留在618所工作至今的念头，我当时的想法是选择一个好的地域不如选择一个好的单位、一个好的领导。”

“兵趣” 拾贝

历史在中国航空惯导专业起步之初选择了冯培德，作为一所之长，作为学术带头人，为帅为将，他义无反顾，勇挑重担，带领618所披坚执锐、栉风沐雨，在国外禁运、国内军事急需、很多人抱着怀疑态度的情况下研制出了中国人自己的机载惯导。对于他本人来说，这如同上学时痴迷于破解疑难数学题，工作之初陶醉于搭出自己设计的小电路，当上所长、工程院院士后他依然随身携带纸笔，不时推导公式，这成为了他一辈子的习惯。

他多年如一日研究惯导对准与导航算法。作为一个所长，日常行政事务繁忙，但他对自己有一个极端苛刻的要求，工作再忙也得抽出时间来研究国内外最新技术资料，思考技术问题。白天没时间，晚上加班也要翻翻资料，思考问题。这很累人，他经常会为了一个技术问题冥思苦想到失眠的程度。出差时他的公文包里必然会有厚厚的一叠资料，他总是利用一切机会打开来看上一会儿。这一切，与他出差的同事都深有体会。因此即使在行政位置上工作多年，他的技术更新程度仍令他的学生们敬佩不已，也正因为如此，他才能经常在惯性系统技术上干干“当兵”的活。

冯培德谈起这些，深有体会：

“现在有些年轻人怕吃苦，型号多了，任务多了，他们就穷于应付，不愿挤时间多看点书、多探讨些新技术途径。其实在我看来，人的潜力是很大的，往往压力越大，精神越饱满；任务越多，干得越有劲。思考是一种习惯，思考越多越想思考，久而久之就成为一种乐趣。对一个技术工作者来说，干兵的活就是解决具体技术问题，是最有意思的。我觉得对一个科技领导干部来说，正确决策、组织攻关那是责任，而攻克一个具体的科技难题或提出一个新的技术途径并实现之，其乐无穷。所以我这一辈子不管到哪都直接参与两三个具体课题。现在自己已年近古稀，但躺在床上时仍然能突发奇想，不论半夜还是凌晨，一有新想法就马上起来干。对于这些，老伴已经习惯，并不过问，但有时我还禁不住打电话给别人，让人感到这个老头多少有点怪异。其实这都是兴趣驱动，与政治责任感不是一码事。”

谈到观察和思考的方法，我们可以看看冯培德讲述的一个亲身经历：

“有一次出国访问，他们做产品演示时闪过一张陀螺结构示意图，只让我们看了一眼，就过去了。我看到那个顶盖上贴有一个楔形片。我就联想到所里陀螺技术负责人曾提到过陀螺盖子拧一拧，性能会不一样。我认为这是因为顶盖与转子端面在装配时不可能完全平行，陀螺高速旋转后会产生空气阻力矩，这个力矩不完全指向自旋轴，而有一个分量指向敏感轴，会造成陀螺漂移（陀螺最主要的性能指标）。如果这个投影分量是常数，则问题不大，但关键是，启动过程中这个分量会随温度变化，这就造成启动过程中陀螺性能有个瞬变过程，延续时间达 20 分钟左右，这会严重影响系统的初始对准。受到国外产品贴楔形片的启发，我建议加工一批厚薄不同、斜率不同的楔形片贴在陀螺顶盖上，既要解决平行度问题又要保证适当的间隙，应通过试验确定最佳方案。事实上，转陀螺顶盖的结果会使陀螺输出轴的性能一个变好另一个变坏，只有再贴一片楔形片才有可能使两个轴的性能同时得到改善。这一改进使陀螺的启动瞬变过程明显缩短，非常有利于陀螺调试，也明显提高了陀螺的成活率。

再举一个例子，我从一篇报道材料中看到，挠性陀螺惯导中两个陀螺的频率完全一样是不利的，一个400赫兹，另一个必须要错开一点。我认为这是为了避免振动耦合后产生整流力矩，在实际使用过程中因为航向变化等因素，上述力矩的微小变化会造成陀螺精度的下降，对于不同的系统究竟频率错开多少合适，还需要认真摸索。后来我们经过多轮探索终于找到了最优参数，提高了系统精度。

以上两个例子涉及的都是产品专有技术，在当时技术拥有方是不愿多讲的，但现在早已没有竞争对手了，再加上挠性陀螺平台惯导基本上要被光学陀螺捷联惯导代替了，因此讲讲也无妨。讲这两个例子的目的是想给年轻同志提个醒，要认真观察试验中发现的问题，并学会分析问题，找出原因，要懂得有时细节决定成败。”

冯培德作为惯导的技术负责人，能够对陀螺机械、电器设计中的一些细节问题那么关心、那么熟悉，真是很不容易，这足以说明他下了大功夫，是个有心人。

当然，作为系统工程师，做误差分析和指标分配，确定惯导算法和编制软件任务书就更是他的拿手好戏了。他已养成了亲自动手的习惯，撰写技术文件时总力求严谨准确，不允许由于模糊的表达引起不同的理解。他与编程专家蔡文华共同相处了30多年，工作默契，友谊深厚，他们之间的联系就是编程需求（或称任务书）。冯培德要求蔡文华严格按需求编程，在编程技巧上尽可发挥，但在满足需求上必须100%达标，不允许有任何含糊。蔡文华也十分认真，每次都能挑出任务书中至少一两处毛病。七八十年代的任务书都是手写的，符号、下标标错还是偶有发生，蔡文华于是成为冯培德的最后校对。冯培德担任所长后，编制编程需求的工作转给了糜秀娣同志，他的角色从一个编写者变成了批准者，一般的领导大概翻翻，听听主要内容就签字了，但他不同，要看得非常认真，从不随意签字了事，甚至有些新的想法还需要他亲自动手实现。

对此，563 惯导技术负责人糜秀娣深有体会：

“找冯所长签署文件时，他比校对人员还要认真，逐字逐句看，细枝末节的问题都要问得明明白白。我们每次汇报前都很认真准备，否则很难过他那一关，好在经他批准后，方案应用起来一般就不会出大问题了。有时他对方案和算法有新想法就亲自编写一段交给我去集成。”

2001 年，冯培德从所长的位置上退下来后，开始重操旧业，自己编程序做仿真研究，并学会了使用 MATLAB。那一年的国庆节下午 4 点多，陈志靖书记邀请冯培德去打扑克，到了冯培德家才发现他早上去办公室一直没有回来。

冯培德与大多数研究算法的技术工作者不同，其数学力学的特长让他可以在此领域淋漓尽致地发挥。很多人研究惯导算法时眼里只有符号、公式和数学推导，而他则对物理概念和数学模型特别清楚。于是，在别人眼里枯涩难懂的数学表达式在他眼里则成了灵动的物理过程；在别人眼里一团乱麻的飞行数据在他眼里则变成了一条直通物理模型的宽阔大道。

对此，618 所现任总工程师、副所长陆志东回忆：

“随着与冯院士接触的机会越来越多，我更加深入地领略了他在技术上的独到见解和创新思维，他对技术原理的透彻理解以及知识面的宽广，他提出的很多技术方案在国内都是创新的。在挠性捷联惯导起步阶段，我们有很多技术问题没有搞明白，例如国内一般采用速率转台标定陀螺刻度系数，但冯院士凭借对物理概念和数学本质的深刻把握，认为不需要高精度速率转台也可完成此项工作，于是提出了位置标定方案，并自己动手完成了数学推导和方案制订，目前该方法已成为618所惯导标定的基本程序。

冯院士还有一项令人敬佩的技能，那就是他十分注意分析试验数据和曲线，特别是关注那些怪异之处，并往往能从中判断出系统存在的问题，这充分说明了他的技术功底和学术功底，我们不少同志与他一起工作多年也难以达到他的水准。”

618所现任惯导副总师樊延军于20世纪80年代初参加工作，冯培德对他有个评价：这个小伙子工作勤奋、思路清晰、有出息。樊延军在回忆当年的情景时说道：

“我所60年代毕业的大学生，很有敬业精神，每个人对自己的那一行都很专业，而其中冯所长最突出。他在跟大家讨论问题时，给我的感觉就是数学和物理功底让人惊讶。讨论工程问题时，他很快就能在黑板上将数学模型和表达式写出来。我们都很佩服冯所长的数学功底。”

岳亚洲回想起当初刚入所时对冯培德的印象：

“毕业后我来到618所从事惯性导航工作。对于一个新人来说，不会有多少机会见到冯所长，因此每次见到他多少会让人有惊奇的感觉。不管是在办公室、调试大厅还是在环境实验室，他常常会突然出现，拉着几个人就开始讨论技术问题，小到具体的试验数据，大到设计方案的更改。那些让我们觉得晦涩难懂的惯导技术，在他那儿几乎全可以用最浅显的道理解释，让人豁然开朗。

有一次飞行数据出现了问题，冯所长就叫几个技术主管去他办公室，打印出来几十页密密麻麻的飞行数据，我们用计算机进行数据回归分析，干了几天也没头绪。到他办公室后，他要先看曲线，找特殊点，哪儿有突跳点，哪儿有误差上台阶，哪儿有曲线斜率变化等，然后对应飞行轨迹和温度变化情况等判断陀螺漂移、加速度计零位、平台偏角等物理参数出现的异常。

医生看病要看心电图，要利用 CT、核磁共振，冯所长解决工程问题离不开看曲线，由于惯导的误差源有几十项，又与环境因素密切相关，因此看曲线的基本功有可能比医生要求还要高。”

不断学习、不断思考，让冯培德具备了常人不能企及的工程感悟能力和工程理念，具备了把物理本质与数学表达深度结合的才能，从而使他能够不断地提出新的思路，设计出新的方案。

例如，他开创性地提出和发展了中国机载惯导开路罗经对准、存储航向对准、跑道对准、动基座对准、传递对准、空中对准等系列对准方法，形成了一套完整的对准理论。

除了机载导航技术的研究，20 世纪 80 年代他还带头开展了地面车载惯性导航技术的研究，并在国内率先提出了零速校正的算法，研制出了 553 车载惯导。

冯培德的第一个博士生李四海（现为西北工业大学教授）对此深有感悟：

“20 世纪 80 年代初，我们当时正在开发 553 车载惯导。机载惯导位置误差一般是 2 海里/时，而车载惯导就需要提高到 20 米/时，难度很大。后来冯院士提出一种新的零速校正的策略，通过周期性的停车，不仅让速度回零，还能估计惯导的若干误差源，这样惯导的精度就会不断提高，最终达到了指标要求。”

在零速校正的车载惯导的基础上，冯培德又提出了惯性/里程仪地面导航组合策略，对此雷宏杰有着深刻记忆：

“冯院士提出的车载惯性/里程仪组合导航是一种新策略，采取这种方法可以避免周期性的停车，这是很受用户欢迎的。他在美国做访问学者期间，就发表过这方面的论文。他深入研究了惯性导航和里程仪的物理特性，认为里程仪可被用来校正惯导随时间积累的误差，而里程仪刻度系数误差对组合导航的精度影响很大，可以利用惯性导航短期精度高的特点，在车辆启动阶段对其加以修正，从而形成互补。他将这项验证任务交给我和吉翠萍，我们用皮尺量1000米的精确距离，然后就跑车。先验证惯导的输出能否达到1/10000～2/10000的精度，接下来就是用惯导输出校正里程仪比例系数，之所以要这样做是因为里程仪的比例系数随载荷和温度变化，如果不采用逐次标定的方法，那精度是上不去的。试验结果表明，该方法效果良好。

类似这样的事情很多，冯院士总是能找到一种最简单的方法去做一个复杂的工程，这是基于对物理本质深刻认识的结果。这里所举的例子看似简单，其实其中也有不少奥妙，关键在于如何用惯导标定里程仪的比例系数。取多长时间和距离为宜？用卡尔曼滤波器做谐方差分析就会发现，对所用系统来说2～3分钟即可收敛，距离也就几百米，他的这一套思路对我日后从事科研工作感悟极深、影响巨大。”

后来冯培德当上了院士，到西工大、北航带学生继续做地面车载导航技术的研究工作，用接力的办法不断深化研究，精益求精。

西工大的博士生张京红回忆起跟冯院士研究地面导航技术时感慨颇多：

“冯院士当时带我们研究车载惯性/里程仪组合导航技术，先是李岁劳老师和刘勇师兄解决了里程仪软轴连接问题，使里程仪高灵敏度的特点（大约1.5毫米/脉冲）得以充分体现，噪声水平可降到2~3个脉冲，接下来的问题就是里程仪比例系数的测定。以前618所曾开展了这方面的工作，但缺少里程仪比例系数的详细模型。我和王耀金解决了温度建模问题，但试验表明，该模型在车辆匀速运行时效果很好，但是当车辆有加减速时，2/10000的精度就无法保证了。于是冯院士建立了反映加减速时的方框图，并研究出一个加减速时的补偿方案，该补偿方案十分有效。事实上，我们当时只是得到了试验结果，看上去有规律，但就是建立不出模型，在冯院士带领下，我们研究了两周，终于给出了数学表达式，这个表达式在文献中未见过报道。”

此后，冯培德在西工大的研究生贾继超和北航的博士生朱立彬继续做这个项目，进一步完善模型，特别是温度模型的优化、载荷分布与道路坡度的影响等，还做了惯性/里程仪/伪卫星组合系统研究，进一步解决了精密定位/定向问题。就这样，经过3个单位、4个阶段、连续10多年的接力，现在他们终于在这一领域达到了世界先进水平。冯培德就此发表了如下看法：

“车载精确定位定向不是一个重大的科学技术领域，看起来很不起眼，但其在军民用领域都有实用价值。老科技专家关注更前沿的领域，而年轻人又缺乏经验，因此在这样一些领域最需要有经验的老同志带着年轻人去干，才能取得当代最先进的水平。国内外在地面车导航中使用里程仪不是件新鲜事，后来大家也懂得里程仪的刻度因数标定是个关键点，从国内外有关报道上看，该关键参数的标定精度大体只能做到0.1%，而我们经过不懈的努力将这个精度提高至0.02%，这是到目前为止别人做不到的。我确信如果大家在不同领域都能埋头苦干，一点一滴地去做，通过两三代人的持续努力，我们就能全面赶上世界先进水平。”

冯培德没有停留在惯性领域，而是在不断开拓新的导航领域，他在国内率先提出并开展了惯性/差分 GPS 着陆引导的研究工作。

李四海有一段难忘记忆：

“惯性/差分 GPS 着陆引导就是要在气象条件不好、机场着陆设备不完备的条件下，引导飞机实现安全着陆的一种有效手段。90 年代中期，我们在做相关研制工作时，国内外没有任何研制经验可以借鉴。立项时，冯院士亲自设计方案，试飞前期，数据看起来达不到着陆要求的精度。后来我们一起分析数据，冯院士认为是 GPS 天线与惯导之间安装位置误差导致的问题，经过补偿后，精度满足了指标要求。

由于差分 GPS 是导航手段中精度最高的一种，飞行精度评估成为一个难点，冯院士当时提出了一种实用而简单的方法。他让所电视台的人在跑道的两端各架起一台摄像机，实时拍摄飞机着陆画面，这是一种光学测量的工程实现方法，通过事后处理两个摄像机的画面，得出的惯性/GPS 差分着陆系统的引导精度在 2 米以内。这种测量方法也得到了鉴定会专家的认可。直到现在，电视台的人回忆起当时的情景，还为能参加科研试验而感到激动。”

如同很多著名的将领，听见炮声在指挥所就呆不住，不亲自上阵冲杀一番就像丢了魂魄一般，冯培德也是一样。

20 世纪 90 年代初，563A 惯导在阎良 630 所进行试飞。当时的惯导经常在试飞时出现问题，而一回到地面就恢复正常，这使很多人一下子摸不着头脑。后来 630 所发话了：再试一次，如果还不行，就停止试飞。

最后一次试飞前的晚上，冯培德到现场对大家说：“明天要再试飞不成，我们就只能卷起铺盖回去了。”为了找到问题症结所在，他亲自带队在 630 所的实验室里仔细分析故障原因。

常虹是当年参加563A惯导试飞试验的设计人员之一，她对这段试飞中冯培德分析故障的情景印象深刻：

“在试飞中我印象最深的是陀螺章动阻尼的问题。在当时，大家都知道章动的概念，但在工程实现中章动的表现形式以及如何进行章动阻尼却没有清楚的认识和解决方法。当时在观察稳定回路输出波形的时候，发现有一个400赫兹的干扰信号，是从哪里来的？什么原因造成的？冯所长亲自对陀螺的数学模型进行了深入分析，认为这就是陀螺章动造成的结果。他迅速列出了相关的传递函数，并给出了章动阻尼器的一组新参数，我立刻在电路上进行了落实，迅速解决了问题，真是危难中方显英雄本色。”

谈及这些，同志们还能举出不少例子，冯培德也都记忆犹新。他提起这些亲自攻关的往事和做“兵”的经历，比谈起当所长进行宏观管理和做决策，兴致还要大得多。

第七章

情系航空

2001年，冯培德年满60岁，这一年他离开了618所所长的领导岗位，改任618所科技委主任。2002年，当时的中国航空工业第一集团公司党组做出决定，调冯培德赴京，任集团公司科技委副主任。2003年冯培德依依不舍地离开了618所。

对于他的调任，618所的干部职工内心很矛盾，一方面，他们为冯所长有了为航空工业做出更大贡献的平台而感到高兴，另一方面，他们也为远离了这位老领导而感到遗憾，他们从心底里敬重他、爱戴他。

冯培德参加618所50周年所庆

618所现任党委书记滕霖是这样描述他心目中的冯培德的：

“冯院士在担任所长的17年里，继承老一辈创业者的优良传统，打破西方大国的技术封锁，带领广大科技人员大力弘扬自主创新的精神，研制出一系列高性能的惯导产品，满足了部队的装备需要。在极端艰苦的条件下，他带领全所员工团结一心、咬紧牙关，克服了搬迁资金紧缺等困难，胜利完成了从户县李家庄向西安电子工业园区的历史性搬迁，为618所以后的快速发展搭建了宽广的舞台。在国家经济体制改革的大潮中，他高瞻远瞩、超前决策，以敢为人先的勇气，狠抓科技兴所之本，走科研生产一体化之路，树立效益为核心的观念，实现了618所由单纯的科研型研究所向科研生产经营型研究所的转变。

冯院士在618所的发展史上是一位承前启后的优秀领导者，他为618所进一步腾飞开辟了道路。”

冯培德告别了为之整整奋斗了35年的618所，告别了曾留下了青春与汗水的巍巍南山，告别了为之耗尽心血的惯导实验室，也告别了和他一起奋斗的同事们，但他不遗憾，因为他看到了在他之后：

以张新国、陈志靖为代表的新一届所领导班子带领618所正走向新的辉煌；

以陆志东为学术带头人的惯导事业在新的征途上大踏步前进；

……

后继有人，这是他最大的欣慰，也是他最关心的。这就是一个老专家的胸怀，一个优秀共产党员的胸怀。

关注航空机载事业的发展

作为中航工业科技委副主任，冯培德分管机载设备专业组，这是一个涉及精密机械、电子、光学等多学科、多专业的领域。

在几十年的发展中，航空工业主管部门对机载设备系统多次有过整合的设想，但都未能顺利推行。1999 年组建中国航空工业第一集团公司后，也曾规划过将所属机载系统建成航空武器、机电液压、机轮刹车、航空救生、航空电子和航空电源六大中心，但最终没有能够成功实施。这种状况说明该领域涉及技术和专业面广而散，企业、研究院所组织结构复杂，因而在解决存量部分整合的同时，必须认真谋划、超前发展。

从惯性导航领域走出的中国航空工业机载系统唯一的院士冯培德，根据自己多年的丰富实践经验，从专业发展本身出发，看到了机载行业存在的难题。因此，他到中航工业科技委工作后的第一件事情就是与杨燕生、季留法、闫治孝、吴迪祥等几位老局长多次讨论，为机载系统的重要性和机载设备超前、独立发展的必要性大声疾呼。他指出：

“机载设备是飞机的三大支柱之一，是飞机不可或缺的功能系统、保障系统和完成各项使命所需要的任务系统，对改善飞机性能和保证飞行安全具有重大影响。机载系统的技术水平是现代飞机高科技含量和先进性的重要体现，也是提高大型飞机安全性、舒适性和经济性的重要技术基础。一代飞机平台、多代机载系统已成为飞机系列发展的规律。

现在，机载系统在飞机总成本构成中所占的份额不断增长。国外的 F－16、F－18、F－22 等军机中，机载设备所占的成本份额已超过 40 %；国内军民机的成本构成中，机载设备所占份额也大体相当。机载设备产业不仅在配套上举足轻重，在工业增加值和经济效益上也不容小觑。

机载设备的独立、超前发展和走系统发展的道路是绝对必要的。此外，对于飞机、发动机和机载设备要协调发展的观点，应该提高到航空工业贯彻科学发展观的高度上去认识。”

冯培德知道，随着技术的发展，机载设备在飞机和航空科技领域会越来越重要，这一点肯定会被越来越多的人认同，但这个过程太漫长，尤其在决策层，认识的差距决定了技术进步的差距。作为航空机载设备行业领域的一名老兵，他意识到了自己的责任，必须大声疾呼，也要适时提出一些新的建议。

为此，他抓住了一个新的切入点——飞机健康管理系统。

飞机健康管理，顾名思义，是将飞机的质量管理理念与人的健康理念结合起来的一种全新的管理思想，对此，冯培德有一段既专业又易于理解的描述：

飞机健康管理是提升飞行安全水平的重大举措。以前飞机上安装的是故障报警系统，出现故障时向飞行员报告，并记入‘黑匣子’。而健康管理系统是对机载设备的健康状态进行预测，将有关信息实时发到地面，而不是事后处理。有了健康管理系统，能提前发现故障征兆，及时维修换件，将对飞机的安全性有重大提升。

飞机健康管理是飞机维修体制的重大变革。现在的质量管理中有大修时间的概念，它是采用统计方法得出的概念，如500小时大修。但有的系统可能到1000小时也没有损坏，而有的系统480小时就出现故障了，所以这当中有不必要的损失，也包含着质量隐患。飞机健康管理系统的出现就能实现‘视情维修’，大大提高了机载系统的有效利用率。

健康管理系统还将引发商业模式的重大改变。供应商将由卖产品发展到卖飞行小时。也就是说，供应商将承诺健康状态好的产品用于飞机，换件和维修不再需要用户操心。

飞机健康管理系统的构建，首先要获取飞机及系统的健康信息，这不是件容易的事。例如，飞机承力件的微小裂纹探测、金属构件的锈蚀、液压系统的渗油、旋转机械的轴承润滑状态恶化等。

采集的大量信息要打包，实时通过链路传送到地面，由大型计算机储存、处理数据，根据预置的数学模型做健康状态诊断。

冯培德在2011年3月的全国政协会议上，本想发布的是《飞机空中交通管理和提高正点率的建议》这一提案，没想到新华网记者居然会找到他，问起物联网可否用于飞机，采访后，新华网于2011年3月8日做了如下报道：

全国政协委员、中国工程院院士冯培德3月8日表示，物联网技术将应用于我国自主研发的新型飞机中，建立飞机“健康管理系统”，实时发现零部件腐蚀状况、金属疲劳、轴承润滑状态恶化等情况，提升飞行安全系数。与目前飞机“黑匣子”相比，飞机“健康管理系统”可实现天上地面即时联动，不论飞机飞到哪里，运行信息都能反馈到地面。

近年来，在飞机总体设计和机载设备系统综合过程中都开始关注全寿命健康管理，在冯培德看来此事是一项涉及面很宽的系统工程，现正处于起步阶段，为推动此事，他正在进行更深入的思考和策划，本书后面还要再次谈起此事。

为了机载事业的发展，冯培德不停地在思考，不断地有新的想法产生。他从机载行业的未来发展出发，在讨论“十二五”能力建设时，提出机载设备试验机的设想：

这个机载试验机应该结合机载设备的需要加以改造，未来飞机上的很多系统由原来的液压驱动改为电驱动，例如飞机副翼原来是液压操纵的，未来将改为电动操纵，这就必须有一架试验机供改装，以进行试验，特别是为将要发展的所谓“多电”飞机服务。没有试验机，许多事是办不成的。有些新设备、新产品也可以用这架试验机进行试验，特别需要关注的是新型机载高能武器对供电有异乎寻常的要求，对相关供电和储能装置的研发必须尽早提到日程上来。

科技委的工作为冯培德提供了更大的平台，使他的视野更为广阔，思想也更加活跃，为他的潜能释放提供了更大的空间。近年来，他还提出过两个带普遍性的问题。一是机载设备抗干扰和抗强电磁冲击能力问题。他指出，在未来强对抗的战场环境下，我们首先是应关注通信、导航、探测系统的抗干扰能力，否则一些装备很可能平时表现不错，战时却不好用。另一方面，面临电磁弹释放的强电磁脉冲冲击，现有的各种机载系统都缺乏足够的抵御能力，一旦计算机芯片失灵，将会导致极为严重的后果。尽管人们经常谈及电子战，然而对如何打赢在信息化条件下的一场局部战争，仍有很多亟待解决的问题还没有给予足够的重视，甚至没有提到日程上来。这是很令人担忧的。

另一个问题是涉及研制程序的问题。在冯培德看来，军品的环境条件规范应该重新审视，有些极端条件下环境条件要求不必提得过分苛刻，并要求每套设备都能达到，这样会导致研制周期加长和浪费研制经费。如低温启动保证系统性能，其实是小概率事件，若真达到在－40℃以下低温启动，不妨先花几分钟加温“暖机”就行了。而－10℃启动对工业挡器件几乎就不成问题。另外就是可靠性问题，无疑可靠性测试和可靠性增长是产品研发中所不可缺的，但 MTBF（平均故障间隔时间）是否要在产品设计定型前做出鉴定则值得商榷，最好在几十套产品在几年使用中积累足够数据再下结论为好。至于“加速”试验的规范也是需要在实际使用过程中考验其是否正确。因此冯培德认为，可以把目前的产品设计定型鉴定改为“试用批投产鉴定”，只有在部队试用中暴露问题，产品经若干年后的不断改进才能真的做到设计定型。

关注大飞机

进入21世纪以后，中国的大飞机一度成为国人议论的焦点问题之一。经过多轮论证，2006年，国务院批准大飞机作为国家16个重大专项之一。冯培德被吸收为国家大型飞机工程专家委员会成员，同时也是运20和C919专家组的成员，从此他对大飞机项目更加关注，他曾在不同的会议上多次强调：

“第一，大型客机的研制，一定要做到飞机、发动机和机载设备协调发展，不能重蹈以往对飞机重视，对发动机、机载设备不够重视的覆辙，否则一旦外方供货出问题，我们就会陷于空前被动。

第二，鉴于我国在民机发展上的相对滞后，需要进行必要的国际合作，这也是提高我国民机机载设备的一次机遇，有利于适航取证的，但是国际合作应该与自主研发相结合，惯导就是一个应该予以特别关注的系统。

第三，大飞机要有中国特色，要有若干卖点，比如现在上飞机就得关手机，今后我们研制的飞机如果在飞行过程中可以用手机，可以无线上网，就是一个特色，这对未来的商业飞行旅客来说极为关键。如果采用卫星通信的方式不够经济，那么采用建地面站的方式不仅可行，也比较经济。经初步论证，我们只需修建100个地面站，就能实现国土上空飞机的通信联络。中国商飞总设计师吴光辉说，我们很希望做成这件事情。另外通过四维导航（三维空间，一维时间）实现飞机正点到达和建立飞机健康管理系统等也可能成为我国大型客机的特色。我认为，在大飞机研制中，新型机载设备的研发是比较容易形成特色的。”

坚守在科研的最前沿

冯培德调任中航工业科技委副主任后，虽然工作范围更大了，但他仍然在第一线从事前沿科学研究工作。

如果将以采用液浮陀螺为主的平台惯导作为第一代，采用挠性陀螺为主的平台惯导作为第二代，采用激光陀螺、光纤陀螺的捷联惯导为第三代，那么今天的冯培德又从系统变革和提升的角度出发，带领他的研发团队探讨新一代旋转调制式捷联惯导的发展途径。

冯培德坦诚地讲道：

“这样一个概念，并不是我们提出来的。美国在20世纪70年代初就出现了C－4惯导，C就是Corosil，轮盘木马的意思。通过旋转能大大降低陀螺误差对惯导精度的影响。

但这样一项技术始终没得到广泛应用。既然采用这项技术能够抑制陀螺漂移，提高惯导精度，为什么这么多年没有得到广泛推广呢？”

20多年过去了，冯培德始终把这个疑问放在心里。

2003年，冯培德到了北航，他终于有时间开展这项研究。他组织了包括2位青年教师和6位研究生的课题组，其中王玮老师是2003年冯培德在西工大的博士生，后来到北航做博士后，现在是冯培德的主要助手之一，她对该课题做了如下介绍：

“冯老师组织我们研制采用挠性陀螺的旋转调制式捷联惯导的原理样机，在实践探索中我们提出了这种惯导早期未能推广应用的五项可能原因。他带领我们有针对性地逐一解决，最终做出了创新性成果，使旋转调制技术跨上新台阶。用精度低一个量级左右的挠性陀螺做出的惯导样机与采用激光陀螺的机载捷联惯导系统水平相当。在此基础上，北航先后研制出了基于激光陀螺、MEMS 陀螺的系列样机，并完成了车载、舰载试验，达到了预期效果，可分别适用于高、中、低不同要求的场合。”

冯培德在北航的研发团队用不长的时间研发出采用 4 种不同陀螺的 7 种不同类型的惯导系统样机，实属不易，这些成果已引起航空、航海、航天、汽车等各方面用户关注，也受到惯导界不少同行的赞扬。对此，冯培德骄傲地说：“我们跟在美国人后面追了几十年，现在终于开始探寻中国人的技术途径了。”冯培德高度评价他的弟子们在科技创新的那种闯劲，而他的弟子们则对这位七旬老者能如此马不停蹄，不断创新赞叹不已。

近年来，冯培德一直倾心专注于这项技术研究，他提出的双单元体旋转调制型捷联惯导技术途径是一项首创。与常规双轴可旋转的捷联惯导系统相比有许多新的特点，特别是方位向陀螺漂移可被连续调制对高速、高精度飞行器最为适用，后来他在北航的团队又为大型飞机研制出三单元体余度型旋转调制捷联惯导系统样机都很有新意。在各种旋转型惯导基础上，他又提出混合式惯导系统的概念，集平台式、捷联式、旋转式惯导的优点，为空、天、海、地各类运载器提供了高精度、低成本惯导系统的研发开辟了新技术途径。

如果说对惯性技术的痴迷是源自他对该专业的热爱，那么对“空基体系感知技术”的研究，则是他在关注与思考国家命运时提出的一个新方向，这是一种大思路的变革。

作为一名航空人，冯培德非常关注新军事变革条件下空军的作用与地位。由于空军在快速感知、快速到达和有效摧毁等三项核心能力上的特殊优势和不可替代性，在进入信息化作战的时代以后，作战形式从以“平台”为依托的“单打独斗”逐步转变成以“网络”为依托的“体系对抗”，这必将引发空军信息化作战能力的跨越式提升。他凭借一个有着丰富工程经验的资深专家对相关信息的敏感性，提出了自己的思考：

“近年来，各军事强国都十分重视空基信息系统的发展，在这一领域，我国与发达国家相比有十几年的差距。在国内，空基信息系统的研发不仅比天基、地基信息系统起步要晚，也大大落后于民用网络系统的发展，因此空基信息系统已成为制约空军在未来战争中发挥作用的瓶颈之一。”

冯院士不仅认识到了上述问题的紧迫性，而且早在2003年就率先提出体系感知的概念，并组织高校和研究院所等各方面的力量进行了大量的研究与论证工作，建立起了空基体系感知系统的总体框架，并从自己的专业背景出发，带领着北航一个年轻的科研团队对空基体系感知系统中涉及的导航/定位及探测方面进行了深入的研究。其中以高空飞艇/气球作为伪卫星基站的组网区域定位/探测技术、远距投放/“贴近”作业小型特种飞行器技术及高精度位置/角度基准系统为代表的研究项目，无论在理论上还是在实际验证中都取得了丰硕成果。

这些基于实践又高于实践的探索，无疑对未来航空科技的发展具有重要的指导意义。

鉴于618所是航空惯导发展的主战场，尽管冯培德的工作岗位已迁至北京，但他仍然牵挂着618所惯导事业的发展。对此，618所新任副所长雷宏杰深有体会：

“冯所长对专业始终非常执着，甚至可以说达到了痴迷的程度，这一点使我很受感动。他始终是心系惯导专业，心系618所。他对惯导技术还在继续深入钻研，他还亲自带领了一个团队，和我们进行创新项目的合作研究，每次听到我们的工作取得了进展，他都特别高兴。”

冯培德的博士研究生陈璞，现任618所项目副总师、惯导研发部副部长回忆道：

“冯院士有时会突发一些新想法，便立刻打电话给我们，讨论一些技术细节，例如，2010年初，他曾建议把旋转调制系统的对准方式应用到平台惯导中来，从而可提高精度，进一步缩短准备时间。他对我们的关注确实很令我感动，这不仅仅是他对惯导专业的关心，还体现了他的敬业精神。这种精神也是我们年轻人应该学习的。”

冯培德悉心指导学生陈璞

40多年过去了，冯培德以他对航空惯导事业的执着与追求，始终工作在科研第一线，取得了骄人的业绩，先后获得国家科技进步特等奖1次，国家科技进步二等奖1次，国家发明三等奖1次，国防科工委及省部级科技进步奖12次，是国家航空金奖获得者，国家级有突出贡献专家。

第八章

导师风采

1991 年，冯培德获得了硕士研究生导师资格，1994 年，又获得博士研究生导师资格，成为 618 所历史上第一个硕士、博士生导师。此后的 20 年，他孜孜不倦、呕心沥血，潜心育人，可谓桃李满天下。

“人才培养是头等大事”

作为高层次的资深技术专家，冯培德认为衡量一个人对社会的贡献大小，事业上是否成功，不仅看他为社会创造了多少有形的价值，更要看他为社会培养了多少有用的人才。调到北京后，他在繁忙之余，尽可能多地投入精力培养人才。他认为把自己多年积累的丰富经验传授给年轻一代，比自己亲自去做更有意义。

2003 年，在北航崔中兴教授的建议和张广军院长的积极推动下，经北航校领导与中国航空工业第一集团公司领导协商，冯培德走进北航，以他为主，组建了惯性技术与组合导航实验室。当时他有个设想，就是制订一个“百人计划”，即培养 100 名研究生。目前，他在 618 所、北航、西工大等院校已经培养了 80 多名学生，看来实现这个计划是有可能的。《中国航空报》记者苟在坪在采访冯培德后，感慨地写下了这样一句话：

冯培德和他培养的博士生韩永根

"冯院士志存高远，创造了自己事业和人生的第二个春天。"

冯培德觉得这句话对他来说既是评价，也是激励。

对于冯培德来说，这是一项既陌生又熟悉的事业。科研是他从事了一辈子的事业，自然不会陌生，而带研究生，虽然在618所时已经有些经验，且带出的学生也都很有成就，但大学里的环境毕竟与研究所有些不同，他需要在新的领域里谱写新的篇章。

8年过去了，冯培德不仅领导实验室开展了卓有成效的科研活动，还带出了一支优秀的研究生队伍，他又一次从辛勤的耕耘中收获着成功。

"在实践中增长才干"

与一直在学校从事教学事业的老师比，冯培德的最大特点是将教学最大限度地与工程实践结合在一起。他培养研究生的一个特点是：更强调培养研究生解决实际问题的能力和创新意识。作为冯培德的首个博士后、现担任北航仪器光电学院研究生部主任的张京娟写道：

作为一名德高望重的院士，我国惯性导航领域屈指可数的专家，他没有高高在上，而是走入课堂，拿起粉笔，亲自给学生传授惯性导航领域的基本概念、核心问题和前沿技术。他主讲的研究生课程《先进导航技术》的讲稿，成为同学们的经典，在后来的科研工作中经常被拿出来反复研读，不断推敲。

冯培德院士不仅在教室里、在讲台上为同学们授业解惑，还把课堂搬到了科学研究的第一线，两次带领实验室的年轻老师和研究生来到科研院所扩大视野。2007 年 7 月，冯培德院士亲自带领实验室近 20 名研究生、老师历经 10 天，先后来到中航工业 014 中心、618 所、631 所和 630 所等多家科研院所参观。同学们来到生产的第一线，听取了我国航空事业发展的介绍，参观了科研生产现场，看到了电路板焊接的生产线，了解了加工滑环的过程，经历了超净车间的消毒，体验了航空模拟器的操纵……这一切，都给同学们留下了深刻的印象，使大家不仅加强了对惯性导航技术的感性认识，还懂得了要想成为一名真正的航空人，在未来的科研阵地上发挥才干，不仅需要丰富的专业知识，还需要严谨、踏实、奉献的精神。

1994 年，从电子科技大学毕业的何颖到 618 所后考取了冯培德的研究生，她回忆道：

“导师非常重视研究课题与工程实践相结合，要求我选的毕业论文题目要切实解决工程实践中遇到的实际问题。因此我的毕业设计就是用电子系统控制激光陀螺的跳模问题。由于产品等着要用论文成果，所以我不仅必须要做出来，而且还要调试出来，时间非常紧，那年春节我只回家过了三十晚上，从大年初一起就开始工作，冯老师见此情景对我一再鼓励。

我读研究生以前工作了三年，但工作都是跟着师傅做，独立思考、独立解决问题的能力比较弱。这次毕业设计在冯老师的指导下，从头到尾自己做下来，感觉长进不小，再遇到问题我也不会发怵了。我觉得导师除了给我技术指导外，还教会了我做事的思维方法，这一点让我非常感激，也非常钦佩。”

在带研究生的过程中，冯培德一直坚持对学生独立能力的训练和培养，学生不仅要有扎实的理论基础，更要有实干的精神，必须要杜绝光说不练的作风。

协助冯培德管理实验室的吕妍红老师记得，在某个项目试验时，她与韩永根、仇海涛几位同学共同负责研制陀螺稳定光电探测系统，冯院士亲自带领他们研发用于车载条件下的低成本系统，经过他的悉心指导，大家从零开始，一点一点摸索着前进，最终取得了成功。

在谈到带学生的体会时，冯培德说：

“现在很多学生基础都不错，你教给他什么，他都可以做好。但要求他们自己开辟出一条路来，或者在几条路中确定一条最好的路就有困难了。

现在倡导素质教育，我也经常说，素质教育不是要你念多少书，而是要在工作中不断学习，提高解决问题的能力。我们那个时候，还没有计算机，最先进的就是模拟积分器、放大器，电子计算机都是工作以后学到的。在北大学习期间，我在这方面应该说还是得到了很多训练。我感到坚实的基础、严谨的逻辑、不迷信权威的科学精神、自学和独立工作的能力，在人的成长过程中非常重要。”

2009 年，冯培德带领北航的几个研究生开始了高精度旋转调制式船用激光惯导的研制工作，这是冯培德进入北航工作后开展的一项十分重要的科技创新工作，也是通过产学研相结合的模式培养具有较强实际工作能力的创新型人才的重要举措。冯培德说：

“在我开始工作后的头二十几年里，一直在为实现 1 海里/时的惯导而奋斗，而现在我们研究的惯导精度要高出一个量级以上，然而研究队伍却由一个研究所变成了几个研究生，这是一项极具挑战性的工作，我很有兴趣也很有信心去攻克这个难关，为我国的惯性导航事业做出新的贡献，同时也培养出更多优秀的学生来继续发展这项事业。”

该课题是惯性技术领域前沿性的课题，对满足长航时惯导的需求具有十分重要的意义。该课题由北航和618所联合研究，北航负责总体方案、软件算法和总体调试工作，618所负责硬件研制。2009年7月开始，杨国梁、李魁、张仲毅等研究生被安排到618所开展此项研究工作。冯培德则亲自负责该项目的进展，不管多忙，不管是否出差，他都要求学生每天向他汇报项目的进展情况，并多次专程赴西安与学生们现场探讨并解决技术问题。

2010年7月北航副校长张广军和张军参观课题组

通过不懈努力，该项目在较短时间内取得了十分重要的研究成果，成功地攻克了高精度旋转控制、参数标定、旋转对准、涡动误差补偿、不可调制陀螺漂移误差补偿等一系列关键技术。在外场进行了两次海事试验，系统精度达到了预定指标。通过长期深入工业部门的一线开展具体工程项目的研究工作，学生们的知识面和实际工作能力得到了极大的提升。618所的领导及员工对北航的研究生给予了高度的评价，并且非常希望这些学生毕业后能到618所工作：

“北航的这批学生具有扎实的理论知识和很强的解决实际问题的能力，有些博士生已达到了所里高工的水平。最难能可贵的是，这些学生都具备顽强拼搏、艰苦奋斗、乐于奉献、严谨求实的科研精神。”

在这项课题的研究中期，冯培德另一个主要助手徐烨烽回忆这段工作时写到：

在618所开展旋转调制捷联惯导项目研究工作的这段时间，是我们研究生生涯中过得最辛苦的一段时间，但同时也是最充实、得到指导最多、能力和知识提升最大、进步最快的一段时间。

“在真刀真枪的实干中增长才干”已成为冯培德培养学生的基本原则，他的很多学生在毕业后都因为具有很强的实际工作能力，能较快地在工作岗位上发挥作用，受到了工业部门的一致欢迎和好评。

这些年来，他所带学生的论文都有工程需求的背景，许多成果都得到了应用。他的实验室为学生提供了一个将理论应用于实际的良好环境。近年来，毕业的二十几名学生中除三人外，全部分配到航空、航天、舰船、兵器、电子等专业对口的工作单位。

冯培德与青年教师讨论课题

“要教书，更要育人”

作为一个造诣深厚的惯导专家，冯培德在带研究生时，不只是向他们传授专业知识，更重视对他们的品德教育，教他们如何处世，如何做人。近 10 年来，他给青年学生做过 20 多场报告。2010 年，北航研究生院邀请冯培德院士给学生们讲党课，他把严谨的治学态度与细致的思想教育融为一体，可谓春风化雨，润物无声，这在众多的博导中可谓凤毛麟角。

感悟人生

冯培德在北航学生党校讲授的以《对党、对航空事业的执着追求》为题的党课在学生中引起了极大的反响：

周春：令我最有感触的是冯院士提出的人生感悟：把个人的发展、前途与国家的需要结合得越好就越容易成功！这是他将自己近70载的人生经验提炼出来的宝贵感悟，虽然我现在还不能完全理解这句话，但是内心已产生一种强烈的原始动力促使我履行这一人生箴言。

沈志康：院士说的都是实话，真话，我们爱听。院士不仅讲了过去艰苦奋斗的经历，并且结合了现代大学生最关心的生活、学习问题对我们提出了期望，为我们的人生指明了方向，使我们受益良多。非常感谢冯院士给我们做的党课讲座。

徐文嬴：我们亟待成长，需要前辈的经验来指引我们。冯院士的党课如甘霖般滋润了我们的心灵，洗礼了我们的灵魂。让我们目睹了前辈创业的艰辛与道路的崎岖，给我们指引了报效祖国的正确方向。

12 班学员：久经磨砺深具智慧的冯院士让我们深深感受到他对专业领域的执着追求与坚持创优，对于时政国情的了解与热心关注，对于人民群众尤其是农民工的关怀与理解，以及对于我们广大青年提出的殷切指导和寄语，他让我们感受到了榜样的力量。

许瀚予：听了冯院士的党课讲座，更加坚定了我加入中国共产党的决心，立志朝着冯院士指出的方向努力奋斗，为共产主义事业献身。

……

冯培德在教育学生时，非常注重言传身教，他深知行动是无声的命令。他用自己的一言一行，告诉学生应该如何做人，如何做事。徐烨烽说：

“我们与 618 所合作研发的惯导在进行摸底试验期间，突然接到临时通知说舰船将连续出航，当时的惯导方案中尚未具有长时间连续航行时的位置校正功能。在时间极其紧迫的情况下，冯老师带领课题组成员连续高强度进行技术攻关。在最短的时间里，冯老师首次提出了一种全新的‘三点测量式’位置校正方案，该方案在不要求连续 GPS 测量的情况下可有效估计出系统的平台偏角和陀螺漂移，非常实用，在已有文献中未见报道。

创新已成为冯老师的一种习惯。在实验室，学生们经常能接到冯老师打来的电话告诉我们‘我有一个新的想法，写了一份材料传真给你，你们编个程序验证一下’。记得有一天早上，冯老师打电话到实验室说他在昨天晚上一直工作到凌晨两点左右，写了一个新型的惯导的实现方案，现在马上来实验室需要跟课题组成员一起探讨。”

张仲毅在读本科时就是全年级的佼佼者，当了冯老师的博士生后，更有一系列上佳表现。冯老师对他的期望很高，因此对他的要求也更为严格。他回忆老师对他的一次批评，感慨地说：

“刻苦努力是我们青年人成长的重要条件，冯老师在这方面给我们做了一个很好的榜样。有时，事情很紧急，冯老师会早上5点就起床开始工作，用最短的时间把这件事情解决。这在平常人是难以做到的，更何况是一位已经接近70岁高龄的老人。”

2009年9月冯培德与在618所协同攻关的北航研究生们假日合影

在年轻人的记忆中，冯培德既有学者和导师严肃的一面，也有父辈温情和关切的一面。他关心学生们的生活，谁生病了，谁的未来应该怎样考虑，他都会留意。带北航学生在618所做试验的时候，他会打电话叫几位在这里参加试验的同学轮流去吃饭，顺便问问近期的思想状态。这种关怀已成为了冯老师对学生的一种习惯。在与学生们聊天的时候，他会讲讲身边发生的一些趣事及自己的看法，偶尔还会拿同学的趣事来开开玩笑。同学们感到，其实在他心情好的时候，说话的语气很友爱。一次解决了一个方案问题，他说了一句“好啦，我们吃饭去”！简单的话配上诙谐的语气和乐呵呵的表情，至今仍在同学中流传。难怪学生们私下说：冯老师在我们心中，是真正的“Cool Guy”！

冯培德不仅注重学生的学识和业务能力，而且很看重学生的思想品德。他对学生李魁很喜爱，不仅仅是由于李魁在学业上有突出的表现，更重要的是他的人品和对父母、对农村家庭的感情：

“我的博士生李魁来自陕西农村。他成绩优秀，聪明能干。

2010 年暑假，因课题需要他一直坚持系统调试工作，没有回家，中秋节前后，他在和姐姐通电话时，得知家里有事，想让他国庆期间回去一趟，当我听说后马上决定让他快去快回，买机票往返。

他回来以后告诉我说，母亲患心肌炎，父亲出外打工，在西安摔伤，姐姐在帮助照顾。而父母怕影响孩子工作学习，不愿意对他讲实情。这件事我听了很感动，这就是实实在在的农民。

李魁跟我说他把家里的苞米收了，还把漏得不像样的房子修好了，给父母买了药，把自己积攒的 300 块钱也留给家里了。这就是实实在在的农民的儿子，他没有忘本，如果我们的下一代都能像他这样就好了。

我觉得感谢父母还是最最基本的事情，如果连这一点都做不到，很难想象你对周围的同志就能好。有人说忠孝不能两全，这个孝是最基本的。如果你连生你、养你的父母也不能孝敬，你在同志之间能有真感情吗？

现在很多年轻人理解不了这些事情，一味讲究吃喝穿戴。有的学生家里实际上是很困难的，但依然穿得花哨。我觉得这是人生观、世界观方面的问题。”

2011 年初，李魁有病强忍多日，到北医三院就医时医生要求马上动手术，冯培德得知后马上让实验室的老师组织学生轮流值班，并立即订购机票让他姐姐从西安及时赶来，同学们都感到这是个温暖的集体。李魁的姐姐在返回前坚持要请大家吃饭，并对冯老师说，她看到大家对李魁如此关心，十分感动，代表父母感谢冯老师和全体老师、同学。通过冯培德的教书育人的点滴故事，可以看出一位老专家对年轻一代的关爱和殷切希望。

第九章

壮心不已

航空机载设备领域的第一名院士

2001 年 12 月 12 日，中国工程院宣布，冯培德当选为工程院机械运载学部院士。这是对冯培德多年来做出的贡献的肯定，也是对他个人的学术水平和工程技术能力的肯定。当年 12 月 18 日，陕西省副省长陈宗兴专程来到 618 所，代表省委、省政府看望了冯培德，并赠送花篮对他当选院士表示祝贺。

冯培德是航空工业系统当选的第 11 名院士，在他之后还有 6 位专家当选为院士，这些院士中包括 10 名飞机总设计师，2 名发动机总设计师，只有他是来自航空机载设备研制领域的专家，还有 4 位院士是材料工艺领域的专家。作为该领域上万名科技人员的代表进入中国工程院，冯培德感到光荣，也感到一丝孤独，他非常盼望能有机载设备厂、所的同行加入到这支队伍中来，但是到现在还没有成功，不过机械运载学部中有一位北航的王浚院士可算同行，还有一位电子集团的贲德院士是从事机载雷达研制的专家，但他在电子信息学部。

中国工程院机械运载学部涉及机械制造、航空、航天、船舶、兵器、汽车、火车等诸多领域，现有院士 105 名，其中有从事惯导专业的院士 5 名，包括原国防科工委主任丁衡高院士、航天科技集团陆元九院士、国防科技大学高伯龙院士、船舶重工集团的汪顺亭院士以及冯培德院士。说来也怪，冯培德所在的学部虽然没有机载设备厂、所的同行，但有 4 位从事惯导研发的同行，这在一定程度上也能反映出惯性技术的重要性。

中国工程院是国家在工程技术领域的最高咨询机构，冯培德院士在机械运载学部积极参加相关咨询工作。汶川地震后，中国工程院组织各学部作专题研究，冯培德在机械运载学部内负责汇总航空航天的技术与装备，用于抗震救灾的研究。

冯培德还参加了在工程科技领域培养创新型人才的专题研究，因为他长期在工业部门从事产品开发工作，近年来又加入北航培养研究生，因此他对工业部门需要什么样的人才和当前的毕业生有哪些缺失深有体会。他与很多院士的想法差不多，那就是如何培养和提高学生解决实际问题的能力和创新意识是当务之急。除了参加研讨之外，他还在学校和教师中反复强调这个问题的重要性，并在很多与学生交流的场合苦口婆心地给他们谈体会。当然，离开具体的科研实践很难培养锻炼人，没有一定的试验条件也容易陷入空谈。另外他还积极呼吁航空航天研发单位应为学生实习创造条件和给予方便，他曾两次亲自带研究生到中航工业在洛阳、西安和阎良的院所去学习参观，这些单位的领导都很支持。例如，当时618所所长张新国用了近两小时到实验室给学生作介绍，使学生受益匪浅，大开眼界。冯培德在这个问题上不仅积极发表意见，还带头去实践，这也是难能可贵的。

冯培德院士提议并牵头机械运载学部重点咨询项目“未来空中交通管理对策研究”，该项目有8位院士和10多位军、民方空管领域专家参加。空中交通管理技术难度大、综合性强，是涉及体制、管理和技术进步的一项大型复杂系统工程，课题组针对空域利用和航路规划、机场终端区管理、空中交通规则的完善和监控能力的加强、流量控制的进一步透明化和规范化、民航机场地面指挥调度的改进、航班正点率的评价标准和误点理赔等方面提出应对建议。为有效解决空中交通管理的“瓶颈”问题，课题组还梳理出一批需要科技攻关的项目，如飞行计划调整的自动化和最优化，提高能见度差条件下的起降能力，提高低空风不确定条件下的按时到达能力，推广相关监视通信设备以提高对周围飞行器的感知能力，加强地面雷达探测和风场预报等服务能力等。为了做好该咨询项目，冯培德院士带队走访了国家空管委、空军航管部、民航空管局等部门，认真听取和交换意见，还依托北航张军教授为首的科研团队逐项进行了深入研究。

空中交通管理是影响我国中长期航空事业发展的一个重要问题，但头绪复杂、难度很大，冯培德院士知难而进，主动请战，希望动员各方面专家共同努力为主管部门提出一些经过深思熟虑的有价值的建议，他这种勇挑重担的精神和超前意识是很值得赞扬的。

除了上述他直接牵头的咨询项目外，他还积极参与了“十二五”规划、到2030年的中长期规划以及战略新型产业的咨询工作，他特别对航空运输业和航空制造业的未来发展大声疾呼。除了大型客机和支线客机的发展外，他特别强调了通用飞机即将出现的爆发式发展，他认为必须抓住这个机遇，部署民用直升机和公务机的发展，并得到了有关方面的认同。

冯培德从2006年开始担任机械运载学部常委，2010年担任该学部副主任，正像该学部原副主任杜善义说的那样，这个副主任不是官，不会印到名片上，只意味着要比别人多干点事，对此他也有同感。尽管科技委和北航的日常工作已经很多，但他依然承担起了机械运载学部的很多任务，的确是忙上加忙。

机械运载工程学部相当一批院士虽然年事已高，但仍承担着繁杂的工作任务，其中也包括一些重要的科技项目，占去了他们相当多的精力，同时也不愁经费的支持，因此一些院士对工程院的咨询工作热情不够高。然而，战略咨询是国家赋予工程院的两项重要工作使命之一，冯培德作为学部主管咨询工作的副主任，又是工程院咨询委员会的成员，他感到有压力，特别是面对周济院长对机械运载工程学部咨询工作提出的希望，他更增添了动力，他积极参与了有关航空发动机的调研，新型高速飞行器的论证，远程空基作战平台的论证。他还提议由航空界新老院士牵头组织“提升远程空中运输/投放能力的论证”“有人/无人飞行器混合编队模式的论证”，他在丁衡高院士的支持下承担了“MEMS发展趋势和产业化”咨询项目，最近他又与柳百成院士、关桥院士等联合发起了“基于网络的设计/制造/服务一体化工程”重点咨询项目的研究。互联网的出现已冲击了传统的通信、传媒和商业购物，现在它对制造业、教育、卫生乃至金融业的发展既有冲击又提供机遇，已引起美国、德国等传统制造强国的高度重视。我国飞机制造相关厂、所经过近10年努力，以数字化、信息化为手段已成功使新机制造周期降低一半以上。今后大型复杂装备的研发若能广泛采用基于网络的设计/制造一体化技术，针对产品建立适应全球化的动态设计制造联盟，将会更有效地配置资源，并在一定规则下实现知识共享。可大大提高效率、降低成本，对于满足未来越来越突出的“定制”式需求则更显其优越性，这恐怕是我国向制造强国挺进不可或缺的重要支撑。该咨询课题的另一亮点是强调设计/制造/服务的一体化，与通常的售后服务不同，在网络时代完全可以实现大型复杂产品（飞机、汽车等）的全寿命健康管理，将“事故报警”变成“亚健康预报”，将“定期维修”变成“视情维修”，甚至将“销售产品”变成“销售服务”（指特定产品的使用权），这将导致维修体制和商业模式的重大变革。还应指出的是，采集全部产品在不同使用条件下的性能和可靠性方面的海量数据为产品设计“大闭环优化”和产品使用中的性能优化提供了绝好的技术支撑。当然，这些都离不开“MEMS传感器预置和信息采集”“大数据分析”“云计算”等信息采集和处理的最新科技成果。2013年年末冯培德、柳百成、关桥这3位老院士与课题组新当选的张军、李骏院士还有北京航空制造所李志强总师和北航信息处理专家郑志明副校长冒零下二十几度的低温到长春一汽和沈阳飞机制造厂调研，他们风尘仆仆，高效“运行”，为的是尽早拿出一个可行性好的示范工程建议。从他们的所做所为使我们深深感受到这一批科技专家老当益壮，以及为实现强国梦所展现出超前策划、努力拼博的高度事业心和责任感。

中国工程院的两大任务之一是遴选新的院士。当选院士除被很多高级专家所向往之外，也为社会所关注。中央领导同志在院士大会上提出已当选的院士要关心年轻的科技专家成长，支持和培养新一代的领导人才。冯培德感到现在的院士平均年龄已经很高，应公平选拔一批年轻一点的同志，尽快充实到院士队伍中来。他和许多院士一样，对当前社会上存在的一些不正之风诸如“拉关系”“跑官”之类的事深恶痛绝。有些候选人希望在选前做些自我介绍，冯培德对此表示理解，认为有时光看材料不行，和本人谈，到现场看，是一种负责任的态度。因为隔行如隔山，真正要做好这件事，应该多做调查研究。

他积极协助航空工业业务部门组织院士到本系统参观，他也曾多次应邀参加到航天、兵器、汽车、火车和机械领域有关单位去参观调研，虽然花了时间，但对他自己是学习，也能更详细地了解候选人的情况。他还给许多候选人的申报材料提意见，并亲自协助修改，他认为这也是“过来人”的一种责任。因为他自己当选前也曾征求过我国惯导泰斗陆元九院士和著名材料专家张立同院士的意见。据冯培德讲，他去请教时只送上一份申报书，没有顺便带上任何小礼品，而这两位院士都十分认真地提了修改建议，使冯培德从中得到不少教益，真正体现了君子之交。这几年他还参加了若干次对投诉信的调查，认真听取投诉人和单位有代表性群众的意见，弄清了缘由，确定了问题的性质，并在一定程度上化解了矛盾，使有些受到投诉的同志最后还是当选为院士。

冯培德最近还十分关心从行业到中国工程院机械运载学部两级遴选办法的改进，提出了很多积极的建议，为的是能使选拔更公平、公正，同时尽快选拔一批较年轻的学术带头人，尽早充实到中国工程院的院士队伍中来。

对最近人们关心的院士制度改革问题，他的意见是：院士称号是一种荣誉，院士的行政任职期限和退休年龄都应由国家人事部门做出统一规定，不应终身制，院士退休后的返聘和应聘属市场配置人力资源的范畴，应视情商定。

全国科协系统的政协委员

在人民政协中，有一个颇为引人注目的团队，那就是一大批在国内外享有盛誉的科技界委员，他们都是各个专业领域的领军人物、科技精英。

2008 年，冯培德成为第十一届全国政协委员。从此，他在从事繁重的教学和科研任务的同时，怀着强烈的社会责任感，开始利用政协这个党和人民赋予他的工作平台，积极为国家的发展与繁荣、为关系百姓国计民生的热点问题大声疾呼，建言献策。

冯培德每年政协开会前，都要认真思考，做必要的调查研究，积极准备提案，发挥了一个党员知识分子的作用。特别是由他牵头组织的应急救援系统、住房改革总体思路和解决空中交通拥堵等三项重要提案，受到了国家和舆论界的高度关注。

2008 年 5 月 12 日汶川地震后的救援过程中，暴露出我国航空应急救援的管理体制不完善、基础设施不健全、救援装备数量太少、机型不配套、专业救援队伍缺乏等一系列问题，这引发了社会各界对建立我国航空应急救援体系的关注。2009 年 2 月 25 日，以冯培德为首的 4 位中国工程院院士向上级主管部门递交了一份题为《组建国家直升机救援与探测总队的建议》，在当年的政协十一届二次会议上，他又作为第一提案人与出席两会的航空界代表提交了类似的提案，就直升机救援与探测总队的组建、基础设施的建立、机型的配备等问题提出了具体的构想。这一建议得到了新闻界及相关领域专家的积极响应。4 月 8 日，冯培德又积极参与了顾诵芬、师昌绪院士牵头的 27 位院士向中央领导提出的《关于建设国家航空应急救援体系的建议》的起草。

这接二连三的建议书，力度越来越大，引起了中央领导同志的高度重视。

4 月 14 日，胡锦涛总书记批示："家宝同志：请国务院就国家航空应急救援体系建设问题进行研究、规划和部署。"当天，温家宝总理批示："请应急办、发改委认真落实锦涛同志批示。"

冯培德在考虑提案、分析提案时，从来都不是就事论事，而是把问题提到一定的高度去审视。比如他对住房问题的思考，就不仅仅限于经济方面，他考虑更多的是执政党在人民群众中的威信问题，他说：

"我之所以关注住房问题，不仅仅是因为我接触的年轻人多，了解他们的苦恼，更重要的是像北京这样的城市，现在的房价高得离谱，另外各级政府的土地财政也是不正常和不可持续的，这已经不单单是群众生活问题了，如不及时果断采取措施，党和政府在人民群众中的威信就会受到影响。"

他不仅看到了问题的严重性，还大胆地提出了自己经过调查研究和深思熟虑的解决方案。他认为需要调整房改总体思路，调动国家、企业、个人以及房地产开发商各个方面的积极性，通过多渠道努力来解决当前城市居民住房和下一步城镇化面临的问题。为此，他提出三条具体建议：

"第一，积极鼓励单位集资建房；第二，要大力加强经济适用房和廉租房的建设，此项工作应列入对政府相关部门的主要考核项目；第三，要努力规范商品房建设，加强监管，注意抑制房价的过快增长。"

冯培德认为光靠政府主导的保障性住房的建议还是不够的，如果适当放宽政策，调动起大厂、大院/大所、大学的积极性，在辖区内拆旧建新，政府的压力就会大大减轻，连交通形势都能有一定的缓解，群众肯定会满意。

近年来，随着我国社会经济的不断发展，人民群众的出行需求越来越高，航空运输以其在中长距离上的独特优势，得到了越来越多乘客的青睐。未来 10 年，民航会有大的发展，但目前航班误点率不断升高，而且随着低空空域的开放，通航飞机也会大量拥入，空中拥堵势必大大加剧，这不仅会影响效率、浪费燃油，还将成为重大的安全隐患。为此，冯培德在 2011 年的全国政协会议上，提交了《解决空中交通拥堵提高航班正点率刻不容缓》的提案，具体建议有 7 条：

（1）调整和修正空中航线、实现"扩宽取直"；

（2）扩大繁忙机场终端管理区；

（3）进一步健全空中交通管理的规则建设和监控能力；

（4）让"流量控制"更加透明、规范，加强空中交通管理的管理；

（5）进一步加强民航机场管理；

（6）重新制定"正点率"的合理考核标准，并探讨航班误点赔付的适当办法；

（7）从 5 个方面推动航空科技进步，缓解"瓶颈"问题。

在这次会议上，他还对目前的国有企业薪酬体系和工资结构存在的弊病发表了自己的看法，提出了基本工资应成为职工收入主体的构想，并运用现代管理方法，设计出了相对合理的曲线图。此外，他还就直升机的发展规划问题、外汇管理问题、国民收入税收大大高于国民经济发展速度等问题，提出了自己的看法。

冯培德作为全国政协委员，每次会前会后也在学校与老师同学们谈论一下国家大事，他曾说：

“我特别希望，新一代的年轻人不要只关注念书、赚钱、出国、家庭生活，更应关心国家的发展和民族的振兴，胸怀要更加宽广，个人才能有更大作为，国家也才能更有希望。”

谈起这些，他的学生徐海刚至今仍然抑制不住内心的激动：

“先生身为全国政协委员，每年三月的两会后是我们期待先生给大家开会的日子。先生从经济发展、大飞机项目、汶川地震引发的国家航空应急救援体系能力建设到高房价、交通拥堵等国计民生问题逐个分析一遍。我望着先生神采飞扬的样子，心想这绝非一个普通技术专家所能达到的境界！先生不仅心智超群，而且胸怀天下。”

最近冯培德一直在领会中央的一些新精神，他认为过去30年我国贯彻改革开放方针，取得了举世瞩目的发展成就，除了靠中国人民勤劳节俭的美德之外，关键就是贯彻“发展是硬道理”的大思路，不争论，不折腾，但现在出现了发展不平衡、不协调和不可持续的问题。因此，只强调“发展是硬道理”已经不够了。总书记提出科学发展，特别强调转变经济发展方式刻不容缓。冯培德在2011年3月的全国政协会议上，谈到要科学发展，转变发展方式，

全国政协十一届一次会议科协21组合影留念（第二排左六）

必须逐步解决大政府、高税赋和宏观调控与市场经济有机结合这些问题。只有减少公职人员，降低税赋和管好宏观调控，才能更好地调动地方、企业和广大人民群众的积极性，才能更有效地解决民生问题和抑制贪污腐败现象的滋生。

尾　声

2013年年初，当时的国资委主任王勇同志在中航工业董事长林左鸣同志的陪同下，到冯培德家里看望这位科技老专家，冯培德深深体会到党和国家对科技工作者的关爱，备受鼓舞。在半小时的交谈中，冯培德简要向领导汇报了对国家经济发展和振兴航空的建议，得到了领导的充分肯定，他心情十分舒畅。他的夫人刘邑平说，平生第一次被弟妹等家人之外的一位大官称“大姐”也是她所料未及的。

回首往事，岁月悠悠。近50年来，冯培德为他所钟爱的惯导事业，执着钻研，奋斗不息，把青春和激情都献给了祖国，献给了航空科研和航空教育事业，取得了骄人的成就，铸就了一次次的辉煌。虽然经历了风风雨雨，但他却无怨无悔。618所的广大职工仍然习惯称他为冯所长，因为他在承前启后的困难年代当了17年所长，带领618所开始腾飞。与他共同战斗的战友和弟子们也为有他这样一位好的学术带头人而感到骄傲。2013年11月，林左鸣董事长代表中航工业授予冯培德航空报国金奖一等奖，表彰冯培德“在我国飞行器惯导技术发展、新型航空武器装备咨询指导和航空领域技术领军人才培养方面做出的突击贡献”。这是中航工业对冯培德这位在航空科研战线奋战近50年的老同志的充分肯定。

展望未来，壮心不已。冯培德依旧激情满怀地关注着蓬勃发展的航空工业，同时奋战在惯导事业的最前沿、教书育人的第一线，倾心尽力，不辍耕耘。冯如在天有知，应该为新一代航空人取得的成就而自豪，应该为自己家族中有冯培德这样的航空事业传人而感到欣慰和骄傲！

一心为了航空事业的发展

——记中航工业科技委副主任冯培德院士

中航工业科技委

2003年，冯培德被中国航空工业第一集团公司任命为集团公司科技委副主任。2008年，中国航空工业第一、第二集团公司合并后，冯培德担任中航工业科技委副主任，分管机载设备专业委员会。航空机载设备涉及的技术和专业面很宽，所辖企业、研究院所组织结构也很复杂。作为中国航空工业机载系统领域唯一的中国工程院院士，冯培德在调入北京后，工作范围和视野得到了进一步扩展。从此以后，他不仅要关注航空惯导和飞控的研发，也要关注航空工业特别是机载系统领域其他科学技术的发展。这对他提出了更高的要求，为此，冯院士付出了艰辛的努力，也取得了很多新的成绩。

实至名归，当之无愧

航空惯性导航系统是现代飞机不可或缺的关键系统，也是西方国家对华实行严格技术封锁的若干技术之一。

20世纪80年代，我国航空工业在开展对外技术合作时，曾有国外朋友向中国航空工业领导机关提出建议：惯性导航技术难度太大，最好能够引进。的确，当时采用挠性器件的第二代惯导曾令好几个具有较好工业基础的发达国家望而生畏，最终他们选择从美国引进技术。因此，这些国外朋友预测中国没有能力自行研发。由于这些声音的存在，中国飞机所需要的惯导到底是应该自主研制还是应该依靠进口，在比较长的一段时间里，是有争论的。在这种局面下，冯培德与618所的科研团队没有受到影响，他们经过长时间的艰苦奋斗，最终使我国航空惯性技术从无到有、从低水平逐步向国际先进水平冲击，为航空工业争了气，为国家做出了重要贡献。在这个漫长、曲折、坎坷的过程中，冯培德不论作为课题主管、专业组长，还是作为研究室主任乃至系统总设计师、研究所所长，始终坚守在科技工作的最前沿。冯培德对航空惯性技术锲而不舍的精神一直为全行业称道。在他的心中，始终燃烧着为祖国航空工业拼搏奉献的激情，这突出地体现为他对国家和事业的历史使命感和高度的责任心。当我们回顾这一段历史时，我们既为我国航空惯性技术的发展欢欣鼓舞，又能深感冯院士及其领导下的科研团队取得成就的来之不易。

拓宽视野，不断进取

中航工业科技委为冯培德提供了更为广阔的平台，使他的视野更广阔，思想更活跃。他凭借自己坚实的技术基础和丰富的实践经验，不断拓宽知识面，在航空机载的相关领域里进行了有益的探索。作为航空机载领域的唯一一位院士，他清醒地意识到自己的责任重大，在把握航空机载设备技术发展方向、自主创新等方面，他尽了自己的最大努力，不断提出和支持一批具有超前意识的新课题，如飞机健康管理系统、适应体系对抗的体系感知概念、多电飞机技术、四维导引技术、先进的飞机空气管理技术，以及在运动平台上飞机的起降技术等。

与此同时，他从机载系统全行业的发展角度考虑，与专业委员会的其他同志共同努力论证机载系统试验机的必要性与可行性。

为了引起各方对航空机载设备技术和产业的重视，冯培德充分发挥了中国工程院院士的影响力，他利用一切时机，在不同场合，大声疾呼要超前、独立发展我国的航空机载设备和实现系统级的联试和交付。

在国家决定发展大飞机项目以后，冯培德坚持认为，应该从贯彻科学发展观的高度出发，实现飞机、发动机和机载设备的协调发展。在机载设备研制中应处理好国际合作与自主研发的关系，利用一切机会提高我国民用机载设备的研发水平和适航能力，同时要充分重视掌握主动权。他强调，中国研发的大飞机应努力形成特色，而机载系统在这方面是大有可为的。他曾建议应解决在大型客机上使用手机和无线上网的问题，也曾对客机在低空风不确定条件下如何准点到达的问题提出了具体建议。

刻苦钻研，永无止境

冯培德在科学研究上的刻苦精神为大家所熟知。

从 2001 年当选为中国工程院院士以来，冯培德丝毫没有放松对自己的要求，在跨入中国工程院这个中国最高的工程学术殿堂以后，冯培德努力站在惯性技术发展的最前沿，不断地为新一代高精度航空惯性导航系统开辟道路。与在 618 所工作时不同，这一时期的他更加努力推动产学研的结合。他把一批年轻有冲劲的北京航空航天大学博士生、硕士生引导到 618 所这个航空惯导的主战场上，使这批研究生在真刀真枪的实践中得到了锻炼，同时也使得 618 所的预研工作得以增添新活力。在冯培德院士的带领下，618 所与北航通力合作，在双轴旋转调制捷联惯导的研制中取得了喜人的进展，该型惯导不仅将被用于新型飞机，也很有希望被推广应用到其他领域。

冯院士在中航工业科技委工作的几年中始终勤勤恳恳，注意向周围同志学习，善于听取不同意见，他常常亲自撰写研究报告，其勤奋的精神和严谨的态度给同志们留下了深刻的印象。此外，他处处严格要求自己，出差时尽量节省费用，也得到了周围同志的好评。

中国航空工业已经走过了 60 年的光辉历程，当前面临着前所未有的大好发展机遇，我们衷心希望冯院士能为我国的航空事业做出新的更大的贡献！

执着追求　不懈探索

中航工业 618 所

冯培德院士是我国惯性技术领域的著名专家。1967 年从南京航空学院研究生毕业后来到 618 所，1984 年担任所长，2001 年成为航空机载行业首位当选的中国工程院院士。他几十年如一日，在航空惯导领域呕心沥血，自主创新，大胆改革，为我国航空平台惯导产品的自主研发开辟了探索之路，为 618 所的跨越式发展做出了卓越贡献。

冯培德院士是 618 所早期参与平台惯导产品研制的人员之一，这奠定了他从事惯性导航研究的基础。此后，经过近 10 年的艰苦努力，618 所研制出我国第一套机载平台惯导，这是我国机载惯导研制工作的一个重要里程碑，618 所也因此成为中国航空惯导的摇篮。

冯培德院士眼光前瞻，站位高远，以敢为人先的气魄，科学严谨的态度，带领 618 所打破西方大国的技术封锁，自力更生研制出“争气惯导”，走出了一条自主创新之路。如今，618 所的惯导产品已装备我军各类机型，并形成了系列化、产业化发展趋势，为国家的重大装备做出了突出贡献。

冯培德院士走上主要领导岗位以后，提出了“航空科研上多型号，试制生产上小批量，预先研究上新水平”的发展战略，狠抓科研兴所之本，大胆探索，坚定稳妥地推进改革，坚持走科研生产一体化之路。他不断强化自主创新能力，使 618 所科研生产实现了持续快速健康发展，由单一科研型研究所向科研生产经营型研究所转变。实践证明，被称之为“618 现象”的发展模式在当时是必要的、正确的。

冯培德院士作为航空惯导领域的著名专家，在多年的科研生产、管理工作中，始终发扬自主创新、敢为人先的拼搏进取精神，追求卓越、披荆斩棘的百折不挠精神，攻坚克难、锲而不舍的求真务实精神，勤奋敬业、埋头苦干的无私奉献精神，几十年来，一直身先士卒、率先垂范，带出了一支敢打硬仗的队伍。冯培德院士身上所体现的正是618所人精神境界的真实写照。

冯培德院士调任中航工业科技委副主任后，仍然一如既往地关注惯导技术的发展，并带领工作团队与618所密切合作，继续在惯性技术领域研究探索，并取得了卓越成效。

冯培德院士是一位追求卓越、眼光前瞻的专家学者，是一位思想敏锐、勇于探索的好带头人，是一位治学严谨、诲人不倦的事业良师。

今天，中国航空工业正以前所未有的速度飞速发展。《中国工程院院士传记　冯培德传》一书的出版，既记述了冯培德院士多年来科研、管理的辉煌业绩，又折射出618所这个具有光荣传统的集体敬业执着、无私奉献、追求卓越、团队协作的企业精神。我们希望年轻一代能继承和发扬老一辈科研工作者不畏艰难、勇攀高峰的进取精神，为中国航空工业的跨越式发展做出自己更大的贡献。

谨借此书出版之际，向冯培德院士70寿辰表达最美好的祝愿！

桃李芬芳　师者风范

——记中国工程院院士、著名惯性导航专家冯培德

北京航空航天大学

中国工程院院士、618所原所长冯培德现任北京航空航天大学教授、博士生导师，仪器科学与光电工程学院惯性导航与组合导航实验室负责人。在科研和教学实践中，冯院士始终站在国家航空科技事业的战略高度，以强烈的事业心、责任心和当代知识分子的历史使命感，为学科的研究和发展，为高水平科研技术人才的培养做出了突出贡献。

高度重视人才培养

冯院士离开618所所长的职位以后，仍担任着多项职务，他是中航工业科技委副主任、中国工程院机械与运载学部副主任、国家大型飞机工程专家委员会成员和第十一届全国政协委员。在北航，他以极大的热情，投入了尽可能多的时间和精力用于培养人才。他认为“自己在科技上继续发挥的时间和精力很有限了，但培养高水平的人才对国家科技发展所起的作用则要大得多”。他是这样说的，也是这样做的。无论外面的事务多么繁忙，每周他都要抽出时间和研究生们讨论一两次课题的进展状况和技术方案。在这样的讨论中，学生们受益匪浅，他们耳濡目染，从先生身上学到了一个科技工作者所应具备的基本素质，心中充满对先生的敬重。

冯院士有个设想，就是制订一个“百人计划”——即培养100名研究生，从他的设想中我们可以看到先生对于国家科技发展的高瞻远瞩以及他那一份沉甸甸的责任心。自1996年始，冯院士已培

养出了超过 70 名博士、硕士，我们相信，在先生的着力培养下，未来 10～20 年，必定会有一批年富力强的弟子活跃在国家科技发展和创新的前沿主战场上。

要教书，更要育人

对于研究生的培养，冯院士重视的不仅仅是知识，他更坚信身教胜于言教。冯院士已年逾七旬，但他仍经常亲自动手写方案，推公式，与学生一起分析试验数据，一丝不苟。学生们经常听到的是他的发问——“为什么那儿有个鼓包？”他的要求经常是——“这段数据拉开放大再仔细看看”；他对学生们讲的最多的是——从沉默的数据中发现细节问题，找到突破点，也许这就意味着下一个技术创新。学生们笑称看数据是先生的乐趣和兴奋点。在技术攻关的关键时刻，承担研究任务的学生经常会在深夜或者凌晨接到先生的电话——“我想明白了，写了一个方案，你们马上做个仿真，然后再做试验验证一下”。

这就是先生为人师表、以身作则的风范，从他的身上，学生们看到了一个科技工作者为了理想而忘我工作、追求卓越的精神境界。

而先生对于学生的要求则非常严格，他常常说的一句话是——“你们现在就是拼的时候”。他交待学生做的事情，一定要在最短的时间里反馈结果，而且每做一次，都要有所进步。他培养学生严谨的工作作风，讨论过的事情要形成纪要；项目每前进一步要有阶段性的技术档案；自己编过的程序要有文档注释，保证下一个接手的同学能在没有任何背景资料的情况下看得懂，等等。开始的时候，学生们觉得冯老师的要求苛刻、麻烦，但时间一长，养成了习惯，他们便深刻体会到这是一个科技工作者必须具备的基本素质和作风。

冯院士重视团队建设，他总是有意识地培养学生的团队合作精神。课题组不仅常常群策群力，集体攻关一个项目；也常会在冯院士的提议下，集体出游，放松身心，增进团队成员之间的了解和友谊。

关于育人，冯院士认为更重要的一个方面是青年一代的追求和精神面貌。他经常利用各种机会，在各种场合向大家讲述自己的体会，激励青年一代学子将自己的发展前途与国家的需求紧密结合，注重全面发展。他不仅作客“中国航空百年”高峰论坛，讲“学习继承冯如精神，以自主创新推动航空科技发展”，号召广大师生学习冯如，为祖国的航空航天事业做出新的贡献；还利用数不清的大大小小的机会，包括参加校研究生会下午茶活动，讲“感悟科学人生　求索生命真谛”，鞭策学生积极投身祖国的航空航天事业。在他的演讲、报告、谈话中无不体现出他对航空事业的满腔热情和执着追求，感染着一代又一代的年轻人。

能力的提高是全面素质培养的根本

由于冯院士在航空科研一线的研究所干了一辈子，深知用人单位的实际需求，所以他注重培养研究生在真刀真枪的实战中提高水平、增长才干。于是短短五六年的时间，课题组从一无所有到自行研制出了拥有高、中、低三档不同类型的惯导产品以及双轴光学探测稳定平台等典型成果，实验室也配有单轴速率转台、双轴位置转台、高低温箱、差分 GPS、伪卫星发射与接收机、惯导系统自动测试设备、飞艇、远距投放/贴近作业小型特种飞行平台、图像及数据传输系统等许多重要的专用专业设备，而这进一步为研究生们提供了良好的实践条件。不仅如此，先生还把课堂搬到了科学研究的第一线，两次亲自带领研究生到多家科研院所参观，扩大研究生们的视野。更重要的是，先生还创造条件与 618 所联合承担重点创新项目，派研究生们组成团队与 618 所的同志们共同研制由他创意的新型惯导，由此研究生们有机会参与总体设计并具体负责软件设计、系统调试直至长达几个月的外场验证试验。事实证明，这是一种行之有效的培养途径，研究生们在实践中通过磨炼，进步神速；而研究所也对这批学生非常满意，认为其中不少人达到了高工的业务水平，非常欢迎他们毕业后能入所工作，现在这个团队中刚刚毕业的两个学生已加入618所。

冯院士这种以国家重大需求为背景，以工程技术突破为重点，以产学研结合为基础，引领科技潮流和培养高科技人才的路子引起了学校的高度关注。2010年7月13日，北京航空航天大学校长怀进鹏院士，张广军、张军副校长到仪器光电学院冯院士课题组进行工作考察，陪同考察的还有发展规划处、科技综合处、军工科技处、科技研发处、研究生院、无人机所的相关负责人。考察组听取了冯院士的专题汇报，并现场参观了相关的研究成果。主管研究生工作的张广军副校长充分肯定了冯院士所提的研究生培养模式，希望今后能让更多的在校研究生深入一线的工业部门参与具体的工程项目，以提升学生的综合素质，提高研究生的培养质量。

创新实践不减当年

冯院士特别重视培养研究生的创新精神及创新意识，在课题组的各种会议上，他多次指出："必须在学习和工作中注意培养自己的创新意识，要在实际工作中不断提出问题，解决问题，唯有这样，科研工作才能有所进步，个人的素质和能力也才能得到最大的锻炼和提升。"冯院士认为，创新并不是神秘莫测的，在前人工作基础上的任何一点进步都可以称为创新；创新是一种习惯，一种意识，每个人都有创新的潜能，但有些人能把潜能激发出来，不断提出新的观点、方法，而有些人则一辈子都没有属于自己的东西。冯院士常举例说，在工程项目的研究中，往往会遇到许多困难和问题，面对这些问题，大部分人首先都会想到去查阅资料，参考前人的经验，这固然重要。但更重要的是发现研究文献中的不足之处，并思考哪些可以改进提高，甚至可以另辟新径，通过独立思考、推理，迸发出创新的火花，走出新路。

在学生眼里，冯院士是一位十分杰出的具有创新精神的科研工作者，他一直在不断地提出新思路、新观点、新方法。进入北航后，他的这种精神有了进一步的弘扬、发展。他倡导旋转调制技术研究，开拓了提高惯导精度的新途径（中航创新基金项目）；他敏锐发现新课题，提出了舰载机光电/惯性着舰信息系统新途径（中航工业产学研创新工程项目）；他深化开展高分辨率里程仪建模研究，已经取得的成果达到了世界先进水平；他最早提出体系对抗的概念，并率先开展了高空飞艇/气球组网定位/探测技术研究。

冯院士的创新意识及创新思想一直感染和影响着所有学生，这将会对他们以后的学习和生活产生深远的影响，相信经过冯院士的熏陶，他的弟子们一定会在创新的道路上取得新的成绩，为祖国的航空事业谱写出更加美好的篇章。

冯院士在北航除了在教学和科研上取得了突出成绩外，也为北航建设空天信结合的一流大学提出过不少有益的建议，还为产学研结合做了许多呼吁和沟通工作。

《中国工程院院士传记　冯培德传》一书的出版一定会使北航广大师生和更多的关注我国航空工业、航空教育事业的人对他有进一步的了解。在他身上体现出的航空报国和为航空惯导技术的发展刻苦钻研、坚定执着的精神也必将得到进一步发扬光大！